CONFISSÕES DE UM ADOLESCENTE DEPRESSIVO

KEVIN BREEL

CONFISSÕES DE UM ADOLESCENTE DEPRESSIVO

A luta contra a depressão que se transformou
numa das TED Talks mais virais de todos os tempos

Tradução
Denise de Carvalho Rocha

SEOMAN

Título do original: *Boy Meets Depression*.
Copyright © 2015 Kevin Breel.
Copyright da edição brasileira © 2017 Editora Pensamento-Cultrix Ltda.
Publicado mediante acordo com Harmony Books, um selo da The Crown Publishing Group, uma divisão da Penguin Random House, LLC.
Texto de acordo com as novas regras ortográficas da língua portuguesa.
1ª edição 2017.
Todos os direitos reservados. Nenhuma parte desta obra pode ser reproduzida ou usada de qualquer forma ou por qualquer meio, eletrônico ou mecânico, inclusive fotocópias, gravações ou sistema de armazenamento em banco de dados, sem permissão por escrito, exceto nos casos de trechos curtos citados em resenhas críticas ou artigos de revistas.
A Editora Seoman não se responsabiliza por eventuais mudanças ocorridas nos endereços convencionais ou eletrônicos citados neste livro.
Este livro não pode ser exportado para Portugal, Angola e Moçambique.

Editor: Adilson Silva Ramachandra
Editora de texto: Denise de Carvalho Rocha
Gerente editorial: Roseli de S. Ferraz
Produção editorial: Indiara Faria Kayo
Editoração eletrônica: Join Bureau
Revisão: Vivian Miwa Matsushita

Dados Internacionais de Catalogação na Publicação (CIP)
(Câmara Brasileira do Livro, SP, Brasil)

Breel, Kevin
 Confissões de um adolescente depressivo: a luta contra a depressão que se transformou numa das TED Talks mais virais de todos os tempos / Kevin Breel; tradução Denise de Carvalho Rocha. – São Paulo: Editora Seoman, 2017.
 Título original: Boy meets depression
 ISBN: 978-85-5503-050-5

 1. Depressão mental 2. Depressão mental – Doentes – Biografia 3. Depressão na adolescência – Pacientes – Canadá – Biografia 4. Pessoas deprimidas – Relações familiares I. Rocha, Denise de Carvalho. II. Título.

17-02952   CDD-616.8527
                                                                                                         NLM WM 172

Índice para catálogo sistemático:
1. Adolescentes : Depressão : Medicina   616.8527
2. Depressão na adolescência : Medicina 616.8527

Seoman é um selo editorial da Pensamento-Cultrix.
Direitos de tradução exclusivos para o Brasil e outros países de língua portuguesa (com exceção de Portugal, Angola e Moçambique) adquiridos com exclusividade pela
EDITORA PENSAMENTO-CULTRIX LTDA., que se reserva a
propriedade literária desta tradução.
Rua Dr. Mário Vicente, 368 — 04270-000 — São Paulo, SP
Fone: (11) 2066-9000 — Fax: (11) 2066-9008
http://www.editoraseoman.com.br
E-mail: atendimento@editoraseoman.com.br
Foi feito o depósito legal.

Para o leitor: que a minha história cruze em algum ponto com a sua.

Sumário

Introdução 9
1. A casinha na Hobbs Street 13
2. Tédio e tortura 35
3. Irmão de outra mãe 51
4. Ensino médio, hormônios e ereções 75
5. Corra, deixe que esmaguem seu coração 101
6. Confuso 117
7. Na maior deprê 139
8. Poltronas de couro em Sooke 179
9. Cara, cadê a minha vida? 193
10. Com pensamentos melhores 207
Epílogo 219
Agradecimentos 225
Só um toque para o leitor 231

Introdução

As lembranças são um lance interessante e imperfeito. Eu sempre ficava imaginando quem eram aquelas pessoas que escreviam sobre si mesmas e por que um dia puseram na cabeça a ideia de fazer isso. Visto de fora, parece algo de um egoísmo inacreditável. Mas, interiormente, é um pouco como arrancar o coração do peito e grudá-lo no papel. Mais do que isso, quando você pega a pá para começar a escavar o passado, percebe que talvez o mais estranho da vida seja ver quanto você se lembra pouco dela, pelo menos com clareza. Os segundos viram minutos e os minutos viram horas e as horas viram dias, e quando você vê a vida já escorreu por entre os seus dedos. Quando tentamos retroceder até os momentos mais significativos da nossa vida, constatamos simplesmente quanto eles estão fragmentados pela memória e pelo abandono do tempo.

Escrever este livro não foi diferente de mergulhar no rio das minhas mais insanas idiossincrasias, sem saber se à certa altura esse rio encontraria o mar e eu me afogaria na angústia e no desespero dos dias que me conduziram até aqui. Meus anos de infância e adolescência agora nem parecem que aconteceram de fato comigo. Mas sei que aconteceram e, quando passo algum tempo recapitulando-os, perdido nessas memórias, consigo sentir tudo outra vez. É como se a dor do passado pudesse transcender o tempo e a cura, e voltasse a afligir o meu coração, sem convite nem boas-vindas.

Ao voltar no tempo e reviver as cenas da minha infância de diferentes ângulos, eu sentia às vezes com se estivesse montando um quebra-cabeça de dez mil peças sem saber que imagem ele teria depois de pronto. Mas, depois, à medida que cada pecinha ia se encaixando no lugar, eu ficava mais e mais consciente de que a minha vida foi esculpida na incerteza e se arrastou através da escuridão. E todos aqueles momentos — breves e individuais, assim como os de qualquer pessoa — aglutinam-se e tornam-se um coletivo. Esse coletivo é este livro.

Escrever este livro foi como iluminar todos os caminhos da minha vida que me levaram à dor e então correr através deles, de um lado para o outro e depois em círculos, até cair exausto. Porque a verdade é que o passado nunca está realmente morto. Podemos achar que está, que ficou escondido por tanto tempo que só pode estar enterrado. Mas não é verdade. Ele está sempre por aí, à espreita, arranjando maneiras de ser desenterrado e reaparecer na nossa vida. Embora você possa se distanciar de si mesmo, nunca poderá renegar as experiências que viveu. Talvez a verdade seja uma só: não existe escapatória, só resta a aceitação.

Esta história é um pouco como um espelho quebrado — cheio de arestas dolorosamente pontiagudas, com todos os cacos mostrando um determinado reflexo. Se você se enxergar nesse reflexo, será bem-vindo ao clube.

Espero que esta história o faça sentir algo que talvez não venha sentindo há tempos. E se por acaso você for um garoto como eu, crescendo em meio a um sofrimento que parece nunca ter fim, eu entendo. Sei como é. E vai ficar tudo bem. Pode acreditar. Eu costumava ser o adolescente que pensava que a vida nunca seria boa nem faria sentido. Todo dia era como se eu tivesse o rosto pressionado contra o vidro da perfeição, observando todo mundo vivendo uma vida poética e pura enquanto eu afundava em meus problemas. E eu odiava isso. Costumava achar que a minha vida, não a que eu tinha mas a que eu queria desesperadamente ter, nunca estaria ao meu alcance; que ela sempre me escaparia e eu passaria toda a minha existência buscando algo que jamais seria encontrado.

Eu costumava achar que a minha vida talvez não valesse muita coisa. Mas, nessa época, nada do que eu vou contar tinha acontecido ainda.

1 A casinha na Hobbs Street

Faz pouco tempo, eu descobri que tinha cólicas quando bebê. Não sei exatamente o que isso significa a não ser que, segundo minha mãe, a dor me fazia chorar muito e eu era meio insuportável. Ela conta que uma vez me colocou no carrinho e uma senhora idosa das redondezas perguntou se podia espiar ali dentro para dar uma olhadinha em mim. Quando fez isso, soltei uns ruídos tão repulsivos que a pobre mulher quase teve um ataque do coração. Eu vim ao mundo, portanto, chutando, berrando e chorando. E talvez isso não tenha mudado muito desde então.

Eu era uma criança um tanto impactante. Franzina, ombros mirrados e pernas que pareciam mais finas que os pulsos. Meu cabelo era comprido e lembrava um esfregão, em geral caído sobre os olhos, como uma cortina de fios loiros e frisados.

Eu era quieto a princípio e depois escandaloso. Meus olhos eram grandes demais para o meu rosto e eu normalmente fitava o chão até ter certeza de que gostavam de mim. Ficava magoado com facilidade e talvez fosse a alma mais sensível que meu gênero já viu em anos, o que dificultava a minha vida de quase todas as maneiras possíveis. Costumava usar bermudas abaixo dos joelhos, camiseta e tênis de corrida com laços duplos amarrados com tanta força que pareciam deixar meus tornozelos inchados. Era como se todo o meu guarda-roupa fosse planejado com base na crença de que era muito mais importante estar preparado para uma atividade atlética improvisada do que ser socialmente aceito.

Eu também era atencioso. Se um dos meus amigos fazia aniversário, eu escrevia um cartão. Fiz um poema certa vez para uma amiga. Quando ia à casa de alguém, eu sempre deixava que ganhassem qualquer jogo que estivéssemos disputando. Espírito esportivo e coisa e tal. Eu era um adolescente inseguro e ansioso para causar boa impressão e ser amado. Saía por este mundo com um coração aberto que, sem que eu soubesse, seria como um velcro para as coisas ruins e um teflon para as boas. Em bem pouco tempo, comecei a me achar muito esquisito. Essa era uma crença silenciosa e pessoal que eu não ousava contar a ninguém por medo de que pudessem voltar um holofote para mim e dizer: "Ahá! Você *é* uma aberração, social e emocional!"

Mas, em algum lugar, espreitando sob as sombras do meu comportamento adolescente, já se viam os primeiros sinais de alerta, confirmando a minha crença de que eu era mesmo meio "defeituoso". Eu embolava o tapete do meu quarto. Roubei uma vez um ímã da geladeira de uma amiga da minha mãe — um salmão cor-de-rosa, vejam só! —, me neguei a admitir que roubei, escondi o ímã e depois confessei que roubei só para, ainda assim, me recusar a devolver. Se eu não gostava do lanche que me mandavam de casa, largava-o no fundo da mochila e deixava que o tempo se encarregasse de dar um fim nele. O fim que o tempo se encarregava de dar em geral deixava-o tão embolorado que ele literalmente quase se liquefazia. A menos que você já tenha aberto o seu *tupperware* um dia e topado com um sanduíche de atum mofado e liquefeito escorregando da sua mão, ainda não viu até que ponto decisões ruins podem ficar de fato asquerosas.

Olhando de fora, você nunca saberia que eu abrigava dentro de mim um ódio tão persistente e horrível contra mim mesmo. Porque, embora em particular eu ficasse dolorosamente constrangido com toda e qualquer coisa que tivesse de fazer com a minha existência, para o resto do mundo eu era um verdadeiro coquetel de travessura, extravagância e porra-louquice — o primeiro a falar, o primeiro a rir e o último a dizer alguma coisa maldosa. Era como se a minha personalidade tivesse sido cuidadosamente talhada para preencher os furos de outros garotos tão detonados quanto eu. Eu tinha uma língua rápida, uma mente sagaz, mas era descuidado com o meu amor. Eu me odiava e, no entanto, ninguém sabia disso. Tudo o que eu queria era ser aceito, nada mais. Mas estava determinado a fazer isso à distância, nunca deixando ninguém se aproximar demais a ponto de ver quanto eu vivia fodido na verdade.

Cresci numa pequena ilha na costa oeste do Canadá. A cidade onde moro é a capital da província de British Columbia, mas quase ninguém sabe disso. Sério. Nem as pessoas que moram em Victoria sabem. Vancouver é uma cidade grande e descolada, que sedia Jogos Olímpicos de Inverno e seus habitantes classudos compram casas classudas e dirigem carros de capa de revista, por isso todo mundo supõe que Vancouver seja a capital. Mas não é. É Victoria.

Ninguém tem uma Ferrari em Victoria. É uma cidade constituída quase totalmente de gente idosa que foi para lá depois de se aposentar, para jogar golfe e morrer em paz na própria cama. Em Victoria, nunca está muito quente nem muito frio. Em geral não vemos neve por mais de um dia por ano e a chuva é tão infernal como sempre será nos outros 364 dias do ano. A ilha tem um clima litorâneo, com paisagens marinhas e idosos em número suficiente para lotar um show do Neil Diamond. Para um garoto, é um lugar incrível onde crescer. É seguro e residencial, além de ter cheiro de maresia. As pessoas são amáveis, mas não têm aquele tipo de amabilidade que depois de um tempo começa a incomodar, por causa das perguntas futriqueiras e do papinho superficial. É mais uma amabilidade bondosa, cheia de sinceridade, por um lado, e de concisão, por outro. Muita gente fuma maconha e se deita à beira-mar e quer saber como é a vida longe dos ternos e do corre-corre. É o tipo de lugar em que todo mundo dá passagem e faz isso com um sorriso no rosto, satisfeito por passar a vida flutuando sobre esse pequeno rochedo no meio do oceano.

Eu cresci numa casinha velha, marrom e branca, na Hobbs Street.

Sempre tive certeza de que a rua se chamava assim por causa das tirinhas do Calvin e Haroldo* e por isso não fazia sentido para mim que as ruas adjacentes não tivessem nomes no mesmo estilo. Sempre achei que essa era a peça que faltava para tornar a comunidade mais unida. Quando eu tinha uns 10 anos, a minha mãe me contou que o nome do Haroldo das tirinhas se escrevia de modo diferente. Eu fiquei meio mal, mas me convenci.

O bairro em si se chamava Cadboro Bay. Ele tinha parques e playgrounds e, o mais importante, uma quadra de basquete. Quando eu era pequeno fui muitas vezes a essa quadra, batendo a minha bolinha de basquete até o garrafão, sempre com a esperança de que aquele seria o dia em que meus bracinhos finos por fim iriam conseguir arremessar a bola na direção das nuvens e fazê-la cair através da malha macia do aro. Nunca consegui acertar a cesta. O que nunca bastou para me fazer desistir.

Da porta da minha casa até a escola primária eram 118 passos. Eu sei porque certa vez passei uma semana contando.

---

* (*Calvin and Hobbes*, em inglês).

Tudo o que uma criança podia precisar estava à distância de uma caminhada da porta do meu quarto. O mundo parecia um lugar pequeno e amigável na Hobbs Street. As pessoas se conheciam e sorriam umas para as outras, tinham cachorros e dirigiam Volvos. Bem, nós não tínhamos um Volvo, mas todas as outras pessoas tinham. Tudo parecia em perfeita ordem. Menos na nossa casa. Entre as quatro paredes que eu chamava de lar, a história era outra. Tudo ali era defeituoso e desordenado, muito longe do clichê de perfeição da classe média alta que todo mundo parecia ansioso para demonstrar.

Às vezes eu me perguntava se todas as famílias eram assim, aparentemente "normais" (se é que isso existe) e organizadas na superfície, mas, a portas fechadas, tão caóticas quanto a minha. Eu achava que seria um paradoxo fascinante se todo mundo andasse por ali fingindo ser gente distinta, positiva e equilibrada, mas na realidade fosse tão problemático quanto nós. Sei agora que essa é uma pequena verdade; que não existe essa coisa de família perfeita nem vida normal. Todo mundo segue aos trancos e barrancos do mesmo jeito; a principal diferença não está no fato de não ser problemático, mas de preferir não ser sincero com relação a isso. Toda família tem problemas, mas só que algumas deixam que os outros saibam disso. O restante simplesmente convive com o caos por trás de portas fechadas e sem falar a respeito.

Nossa casa tinha quatro janelões na frente. E uma árvore raquítica e quase morta no quintal, onde tinham pendurado uma placa capenga com nosso endereço, mas sem obstruir a visão de quem olhava de fora. Por isso, se as venezianas estavam abertas era possível ver da rua o interior da casa. Desde o primeiro dia em que eu já estava crescido o suficiente para perceber isso, esse detalhe me incomodou. Não sei bem por quê. Só fazia eu me sentir como se vivesse numa caixa e qualquer um que quisesse espiar lá dentro só tivesse de se postar na frente dela. Eu me sentia exposto, nu e vulnerável. Mais do que tudo, isso me deixava com medo de que talvez nossa personalidade fosse como as casas e a minha tivesse grandes janelas na frente por onde qualquer um que se desse ao trabalho de olhar pudesse ver quanto eu era bizarro e medroso em relação a tudo.

O ônibus número 11 passava de dez a doze vezes por dia e sacudia as paredes da nossa casa com tanta força que uma vez, quando eu estava sozinho, um quadro caiu da parede e o vidro da moldura estilhaçou. Nossa casa tinha dois andares, quatro quartos, um porão horroroso e uma linda golden retriever dourada chamada Summer. Ela era uma cadela majestosa de pelo esvoaçante e uma disposição muito abaixo do normal. Passava pelo menos 80 por cento do dia deitada, cheia de preguiça, no sofá de couro verde da sala de estar, montando guarda com muita eficiência contra intrusos perigosos que pudessem vir da calçada e invadir a nossa casa. Quando a sra. Hepple, uma sexagenária que morava algumas casas abaixo, passava a caminho da mercearia, Summer ficava de pé e latia tanto que seu bafo chegava a embaçar a vidraça. O sujeito que entregava o jornal uma vez deixou um bilhete embaixo do capacho dizendo que deveríamos adestrar nosso cachorro para que "ele não fosse tão raivoso". Eu li o bilhete e no mesmo instante o joguei no lixo, em parte porque sempre achei o entregador do jornal um cara bem esquisito por usar uma carteira presa a uma corrente, e em parte porque eu achava que Summer tinha todo o direito de ser raivosa ou não com quem bem entendesse. Sabe como é, até os cachorros precisam ter liberdade de expressão e tudo mais. E mais do que isso, eu entendia a situação dela. Quer dizer, todo dia todos nós saíamos de casa e seguíamos para o que aos olhos de um cão devia parecer uma aventura sem fim de assombro e deslumbramento, enquanto ela só ficava ali deitada no sofá, esperando que um de nós voltasse para casa e lhe desse amor e a levasse para aquele mundão que ela com tanta paciência observava todos os dias pela janela.

Latidos à parte, ela era uma cadela realmente adorável. O triste é que me odiava.

Bem, *odiar* é uma palavra forte. Ela tinha uma acentuada aversão por mim. Não sei muito bem como começou ou de onde veio essa aversão ou por que eu nunca fiz nada para mudar isso. Só sei que ela tinha a profunda convicção de que, na cadeia alimentar da nossa família, ela estava numa posição superior à minha.

Uma vez, quando eu tinha uns 10 anos, comecei a brincar de luta com ela. Summer tinha dois tipos de rosnado: um rosnado brincalhão e outro mais sério. Para um ouvido destreinado, podiam ser indistinguíveis. Mas eu sempre sabia se ela estava brincando ou se preparando para infringir dor. Ou pelo menos achava que sabia. Naquele dia estávamos lutando e ela se comunicava comigo com seu rosnado "brincalhão" e tudo ia muito bem — até que, num movimento ágil, ela conseguiu agarrar a manga do meu suéter e enrolá-la no meu corpo, me deixando preso dentro da minha própria blusa, sendo arrastado por um cachorro pela casa. E ela simplesmente continuou puxando a manga do suéter e com tanta força que eu não consegui endireitar o corpo para me soltar. Gostaria muito de ter feito isso. Porque tive que chamar alguém para me ajudar e a situação só acabou se resolvendo depois de um braço arranhado e um orgulho um tanto ferido também. O que ficou na minha cabeça é que ela não me machucou e nunca quis me machucar. Só queria me mostrar do que era capaz. Lá no fundo, eu morria de medo que a escuridão de alguém pudesse ser dissimulada daquele mesmo jeito, que a gente pudesse estar feliz e, de uma hora para outra, passasse a ser destrutivo. Summer era só uma cadela, mas era como se ela estivesse me mostrando que as farpas afiadas da vida às vezes estavam só um tantinho abaixo da superfície.

Como eu ia dizendo, tínhamos uma casa. Tínhamos uma árvore no jardim da frente. E tínhamos uma golden retriever. Para quem olhava de fora, tudo parecia em perfeita ordem.

Mas dentro dessa casa, muita coisa não parecia estar em tão perfeita ordem assim.

Para começar, minha mãe e meu pai moravam em andares separados da casa. Minha mãe dormia no quarto do casal e meu pai dormia na suíte do porão, que pouco tempo antes tinha passado por uma pequena reforma e sido redecorada com latas de cerveja vazias e bitucas de cigarro.

Minha irmã morava no porão também, mas encontrá-la em casa não era muito diferente de fitar o céu à procura de uma estrela cadente; era só piscar e a estrela já tinha passado. Ela tinha um relacionamento de longa data com um namorado que tinha carro, e um relacionamento de curto prazo com o resto de nós. Minha irmã era incrível e muito mais legal do que eu jamais admiti — pelo menos na presença dela —, mas vinha para casa só para terminar às pressas algum dever de casa, tomar banho, comer e dizer que meu cabelo era escroto.

Isso me dava todo tempo do mundo para ficar sozinho e fazer qualquer coisa que eu quisesse, sem muita interferência ou supervisão.

Comecei a chegar em casa da escola sem que houvesse ninguém para me receber quando tinha por volta dos 6 anos. A caminhada era curta, 118 passos, e sem perigos, por isso consegui permissão para fazê-la sozinho tão logo concluí o jardim da infância. Eu normalmente andava sem pressa até minha casa e depois ficava esparramado em algum lugar. Às vezes dava uns petiscos para Summer, na tentativa de suborná-la para me amar, mas em geral esse amor só durava enquanto ela estava mastigando e depois voltava à estaca zero.

Os dias eram longos e monótonos dentro de casa. Solitários também. Para passar o tempo, aprendi a sonhar acordado. Criava histórias na minha cabeça sobre todo tipo de coisa — como seria voar ou escalar paredes ou beijar uma garota.

Às vezes eu imaginava como seria morar numa casa diferente. Uma casa que tivesse outras regras e um cachorro que gostasse de mim e pais que dormissem no mesmo andar. Às vezes, quando eu pisava fundo na estrada das fantasias mais desvairadas, essa ideia de uma casa diferente — que fosse impressionante e imaculada e imponente — me fazia sorrir. Outras vezes eu me lembrava de que, se morasse em outra casa, provavelmente seria incumbido de algumas tarefas domésticas. E eu odiava tarefas domésticas. Então, costumava sentir certo prazer em saber que, muito embora vivesse rodeado de problemas, pelo menos não tinha que lavar a louça. E isso sempre fazia com que eu me sentisse um pouco melhor.

Eu sempre quis que a minha família fosse mais unida. Isso provavelmente é bem natural. Você quer que as pessoas que mais ama amem umas às outras. Mas, de certo modo, acho que eu sempre soube que isso seria impossível. Minha mãe tinha meio que desistido do meu pai e meu pai estava decidido a desistir de si mesmo. A cola que mantinha a família unida, ou seja, o amor incondicional, havia muito tempo tinha sido carcomida pelo caos e o desdém.

O RELACIONAMENTO DOS MEUS PAIS FAZIA pouco sentido para mim por vários motivos. O principal deles era o fato de eu nunca tê-los visto se comportando como se fossem apaixonados. Para mim, eles eram só duas pessoas que tinham coisas em comum. As coisas que tinham todo mundo podia ver se parasse na calçada em frente e olhasse pelos quatro janelões. O mais triste é que o que viam nunca contava a história toda.

Porque, embora, para além da grama ligeiramente crescida, desse para ver dentro de casa — a sala de estar, a sala de jantar —, não dava para ver os nossos problemas. Eles estavam mais no fundo, um pouco abaixo da superfície, nadando em algum lugar sob o disfarce de vida familiar. Era como se nossas vidas fossem públicas e privadas ao mesmo tempo e, nos dois casos, dolorosas e problemáticas. Eu odiava o que o mundo sabia sobre nós só de olhar — que a nossa TV era velha e nosso sofá estava rasgado e nossas paredes estavam cheias de quadros tortos. Mas mais do que isso, eu odiava o que o mundo não sabia sobre nós — que meus pais brigavam e minha irmã nunca estava em casa e eu ficava sozinho.

Percebi que a minha família era complicada e desunida quando tinha por volta de 5 anos. Suponho que não precisasse ser um gênio para concluir isso.

Minha mãe é uma mulher amável, de olhos calorosos, uma alma gentil e a capacidade de ouvir você falando suas abobrinhas e ainda assim se manter atenta por horas. Seu sorriso é suave e acolhedor e ela nunca julga ninguém. Meu pai é um homem derrotado e envelhecido, que passou tempo demais às voltas com latas de tinta e cigarros para um dia voltar a parecer saudável. Ele é alcoólatra por todas as definições do mundo e uma pessoa sem alegria pela mesma definição. Não é um homem ruim. Não mesmo. Simplesmente não é feliz.

Minha irmã é uma feminista longilínea e de personalidade marcante, cheia de atitude. É o tipo de garota que toma uma dose de tequila, cita Madre Teresa e depois lhe diz por que você é misógino. Ela é superengraçada e tem mais bom gosto para música do que para homens.

Eu descobri bem rápido que meu pai e minha mãe não se amavam. Tenho certeza de que houve uma época em que se amavam. Eles se casaram e pareciam felizes nas fotos. Pensando bem, eles foram para o Havaí e acho que eu ficaria bem feliz no Havaí também, mesmo que estivesse perdendo quase toda minha liberdade.

A verdadeira razão que me levou a descobrir que eles não se amavam, no entanto, foi o jeito como se falavam. Eles não costumavam gritar nem eram o tipo de casal que atira pratos na cabeça um do outro. Os dois eram educados e introvertidos demais para fazer isso. É só que o jeito como se falavam quando estavam brigando era doloroso, como se o bem-estar emocional do outro não fosse importante, não passasse de um conceito hipotético. Não que fossem cruéis ou maldosos; só não se importavam de fato. Estavam com raiva e ainda assim eram indiferentes. Nem se desculpavam pelo que diziam ou tentavam enfatizar isso um para o outro. Simplesmente atiravam flechas e viravam as costas antes mesmo de saber onde elas tinham acertado.

Meu pai é imbatível em duas coisas na vida: pescar e tomar cerveja. Acho que num mundo perfeito ele moraria numa cabana no meio de uma floresta e viveria do que plantasse e obtivesse com as próprias mãos. Mas a vida não é perfeita e ele mora na cidade, por isso recorre ao seu segundo talento para aguentar o tranco. Ele era pintor por profissão e bebedor de cerveja por vocação. De algum jeito ainda conseguia acordar cedo quase todo dia. Quem vai para a cama com as galinhas, levanta com as galinhas, presumo. E ele ia para cama cedo, ou melhor, para o sofá. Muitas vezes eu chegava em casa da escola às três horas da tarde e ele já estava desmaiado no sofá, rodeado por um monte de latinhas vazias esparramadas pelo chão e tendo como trilha sonora seu ronco detestável. Eu era muito novo para saber que aquelas latas espalhadas em volta do seu corpo inconsciente tinham a ver com seu torpor da tarde e, portanto, só concluía que os adultos precisavam tirar muitos cochilos.

Na época em que já tinha crescido o suficiente para reter lembranças, minha mãe e meu pai já estavam dormindo em andares diferentes da casa. Meu conhecimento sobre casamentos era limitado, mas quando eu ia à casa dos meus amigos em geral os pais deles andavam de mãos dadas, se beijavam e se abraçavam e dormiam no mesmo quarto. No que diz respeito a essa lista, era 4 a 0 contra os meus pais.

Quando os pais da minha amiga Alexandra se divorciaram, eu me lembro de ter perguntado a ela quando é que se sabe quando os pais vão se divorciar. Ela fez uma pausa e disse: "Quando começam a gritar muito". Eu perguntei se os pais dela já tinham um dia dormido em quartos separados. Ela disse que sim. Perguntei se isso tinha sido antes ou depois de começarem a gritar. Ela disse que antes. Eu não era nenhum gênio, mas não era difícil imaginar que o casamento de meus pais estava seguindo pelo mesmo caminho.

Existe uma coisa horrível no fato de ser uma criança no meio de um relacionamento falido. Você nunca está completamente em paz. É como se o relacionamento dos seus pais estivesse sempre à espreita, aguardando você passar para lhe dar uma rasteira. Num certo sentido, isso não tem nada a ver com você. Você não escolheu essa vida. Não forçou essas duas pessoas a ficarem juntas. Nem recomendou que elas começassem a namorar, quanto mais se casar. Você nem sabe quais são os problemas delas, muito menos como solucioná-los. Mas você realmente gostaria que se amassem. Seus pais *deveriam* se amar. Quer dizer, eles fizeram pequenos seres humanos juntos. É por isso que estou vivo e a minha irmã também — é por isso que você está vivo: porque houve um tempo em que nossos pais eram apaixonados um pelo outro e acharam que deveriam fazer pessoinhas juntos. Eles não poderiam se odiar na época, eu sabia que não era possível conceber um bebê em andares separados. Eu não sabia muito. Mas isso eu sabia.

Quando o casamento dos seus pais começa a degringolar, você fica meio furioso com eles.

Pelo menos eu fiquei.

Minha irmã, Julena, é quatro anos mais velha do que eu e por isso era quatro vezes menos provável que ela conversasse comigo sobre alguma coisa. De qualquer forma, na época em que meus pais de fato começaram a mostrar suas diferenças, ela mal parava em casa. Eu sentia às vezes como se ela estivesse me abandonando, mas eu também entendia. Eu também não ficaria em casa se pudesse. Ela tinha essa opção, portanto não ficava.

Depois de um tempo, tive a impressão de que a maioria dos problemas da minha família era causada pelo meu pai. Todo garoto quer que seu pai seja o herói da casa, e meu pai era meio que o contrário disso.

Ele é uma pessoa boa, eu acho. Tem uma fala mansa e nunca levanta a voz com raiva ou empolgação. Meu pai é um homem alto, com mais de um metro e oitenta de altura, mas nem um pouco intimidador. Ele tem mãos grandes e ombros curvados e um guarda-roupa cheio de camisas manchadas. Seu cabelo grisalho é comprido e ondulado, e ele tem na cara uma espécie de meia barba e meio bigode. Seu cabelo e sua barba nunca parecem ficar mais compridos ou mais curtos; eles simplesmente existem. Nada na sua aparência parece mudar, muito menos ele. Na maioria das vezes, não importa o cenário ou as circunstâncias, ele parece distante, mesmo quando está interessado.

Quando eu tinha 4 ou 5 anos, lembro dele indo para o nosso quintal e colocando umas coisas estranhas na boca para depois acendê-las com fogo. Eu só descobri que aquilo era um cigarro alguns anos depois, mas sabia na época, pela sua linguagem corporal, que estava fazendo algo de que não se orgulhava. Seus ombros caíam para a frente e suas costas ficavam meio curvadas na parte de cima; sua tosse era seca e áspera. Mas meu pai é um bom homem, com um bom coração que parece determinado a não viver de acordo com nenhuma dessas duas coisas.

Eu muitas vezes achava que ele era a pessoa mais profunda e verdadeiramente triste que eu já tinha conhecido. Qualquer um pode ficar triste de vez em quando, eu acho. O fim de um relacionamento. Uma música sentimental. Uma lembrança. Mas meu pai foi a primeira pessoa que conheci que podia ficar triste quando tudo ia bem. Ele nunca dizia que estava triste com a voz, apenas com os olhos. Minha mãe dizia que ele tinha depressão. Eu não sabia o que isso significava, mas parecia grave. Apesar de toda e qualquer preocupação, ele evita conselhos, rejeita medicação e aceita sua vida sem brilho, e com o passar do tempo se torna cada vez menos uma canção triste e mais uma sinfonia de aversão por si mesmo.

Na época em que comecei a enfileirar palavras em sentenças, já tinha escrito três cartas pedindo a ele para parar de beber. Ele as lia inteiras e nunca mudava. Todo dia era a mesma coisa: desmaiado no velho sofá verde, a cerveja numa mão e o que eu imaginava ser arrependimento na outra. Quando ele acordava, mal falava ou conseguia abrir os olhos. Em geral simplesmente parecia meio vazio. Como a carapaça de alguém que só ele conhecia, porque tinha medo demais para se mostrar aos outros. Eu o odiava quando ele ficava assim. Você dizia algo e ele não ouvia uma palavra. Uma vez a minha irmã ficou tentando dizer uma coisa a ele o dia inteiro e ele ficava divagando. Ela ficou tão frustrada que gritou; "PAI! Você está doente ou o quê?" Ele disse a ela que estava. Ela perguntou se ele ia morrer e — numa lembrança que só posso descrever como gravada a ferro e fogo na minha cabeça — ele se levantou, olhou nos olhos dela e disse: "Você bem que gostaria, não é?" Depois de crescido, a personalidade dele, ou a falta dela, tornou-se uma coisa dolorosa de se conviver, ter como pai e de testemunhar no dia a dia.

De muitas maneiras, eu ainda não tenho nenhuma ideia de quem meu pai de fato é. Tanta gente do seu passado o descreveu como uma pessoa extrovertida e engraçada, alguém cheio de amor e uma energia sem limites! Eu nunca conheci essa pessoa, porém. Não que eu não acredite que, em algum lugar dentro dele, essa outra pessoa exista; é só que eu não tenho prova nenhuma disso. É difícil se convencer de algo que você não pode provar. Mas existem coisas na vida que são assim; você não pode prová-las e tudo o que pode fazer é continuar acreditando nelas de qualquer maneira. Mas com o meu pai, no entanto, nunca consegui fazer isso. Principalmente porque eu não conseguia imaginá-lo de outro jeito. Eu só o vivenciei como a carapaça de um homem que tinha perdido o próprio espírito e o mundo à sua volta e não sabia como reencontrá-lo.

Ele é com certeza um homem inteligente, porém. Meu pai é o único cara que, se ficasse preso numa ilha em algum lugar, eu de fato não me preocuparia. Ele provavelmente estaria no seu ambiente. Uma vez ele saiu de barco e foi pego por uma forte correnteza, ficando desaparecido por uma noite inteira.

Ninguém na minha família jamais pensou que ele estivesse morto. Todos dizíamos brincando que ele com certeza estava se divertindo mais do que nunca. Acabou que ele por fim aportou numa praia, fez uma fogueira, encontrou comida e ficou muito bem, obrigado. Portanto, ele de fato era um homem esperto e independente. Mas deixou que sua própria mente doentia lhe armasse uma armadilha e tirasse dele uma vida boa.

No fim você descobre que, quando alguém para de se preocupar consigo mesmo, fica muito difícil continuar crescendo, vivendo e amando. A pior parte disso, para mim, é que, apesar de tudo, eu realmente queria amar meu pai e ser amado por ele, e isso me tornava forte e fraco ao mesmo tempo.

Todo dia era um longo dia naquela casa na Hobbs Street. Os carros passavam, mas as horas pareciam não passar nunca. Era como viver dentro de um sonho; observando o mundo inteiro passar enquanto você ficava ali, parado. Eu amava muito a minha mãe e, quando minha irmã deixava, eu a amava muito também. Mas nunca gostei de fato de ficar naquela casa. Ela era pequena, atulhada e caótica. Eu queira ficar lá fora, com o resto do mundo, fazendo coisas divertidas que eu estava sempre observando os outros fazerem. Eu queria ter amigos e fazer coisas com eles. Queria crescer e sair daquela casa. O problema em ser criança, porém, é que sair de casa significa ir para a escola.

Quando a minha mãe me falou pela primeira vez que eu logo começaria a ir à escola, fiquei curioso. Eu sabia muito pouco sobre o que era uma escola, exceto que todo mundo passava muito tempo lá. Minha irmã — quatro anos mais velha e, na minha cabeça, quatro vezes mais livre para se divertir — contava em casa histórias da escola que pareciam impressionantes: como quando ela foi fazer um passeio no campo ou pegou na mão um sapo morto. Aquilo parecia uma espiral de aventuras, cheia de novas pessoas e possibilidades. E, mesmo que não fosse, ainda assim me tiraria de casa. Eu mal podia esperar.

O que eu estava pensando?

UM TOQUE PARA MIM MESMO

A família de ninguém é perfeita.
A vida de ninguém é perfeita.
Nunca confie em ninguém que usa uma carteira presa a uma corrente.

2

Tédio e tortura

Não existe ninguém mais socialmente bizarro que Ben. Juro, quando nos encontramos pela primeira vez ele mal falava inglês. Mas sua bizarrice social não estava só no que ele dizia, mas em como ele dizia. Ele podia fazer uma pergunta e, justo quando você fazia contato visual para responder, ele usava as próprias palmas como lenço e lambuzava de meleca as mãos. Enquanto. Você. Estava. Olhando! Eu admito, em minha breve vida, nunca vivi em outras culturas, mas não acho que exista um lugar na Terra onde isso seja um costume. Max era diferente. Ele ainda não era alto, mas se podia dizer que um dia seria. As mãos dele eram até engraçadas de tão imensas — como se alguém tivesse calçado duas luvas de beisebol numa criança — e seus braços iam até os joelhos. Ele era meio quieto, de um jeito meio medroso, e fingia ferimentos como se a sua maior paixão na vida fosse trabalhar no teatro. Se tropeçasse ou escorregasse no playground, ele se encolhia como uma bola. Quando você chegava perto para perguntar se ele estava bem, ele fazia uns barulhos esquisitos. Era como se fingisse estar chorando. Você tinha que dar a ele alguns minutos para se deleitar com isso antes de voltar a se levantar, com um ar orgulhoso e desafiador, por ter superado tamanha provação. Esses foram meus primeiros colegas de classe, ao menos os que me lembro agora.

Minha escola ficava numa longa rua mal pavimentada e decorada com rachaduras e calombos para lhe dar mais personalidade. De uma extremidade da rua, se você forçasse bem a vista, podia ver os muros da escola e um pequeno raque para bicicletas. Esse prédio era uma escola elementar, um pequeno estabelecimento que era a morada de quinhentas crianças a qualquer momento do dia. A escola em si não era ruim. Eu só tinha um problema com ela: eu a odiava.

Eu não gostava muito da escola propriamente dita. As paredes de cor pastel e os quadros-negros e os pisos gastos que cheiravam a madeira não chegavam a me incomodar. Era mais o que a escola representava, e o fato de meu estômago revirar quase toda noite quando eu pensava que teria de ir à aula. Eu odiava as longas horas e como eles deixavam meus dias destituídos de qualquer otimismo. Odiava a sensação sufocante que a rotina me causava. Odiava as classes apertadas que cheiravam a produtos de limpeza e aquelas janelas idiotas com uma única vidraça que não faziam nada além de oferecer uma vista do mundo que eu não tinha permissão para explorar. As carteiras eram todas muito pequenas e estragadas e tinham palavrões entalhados nelas — a prova física do tédio entorpecedor. Eu estava convencido de que não havia uma única coisa que valesse a pena ali, que a escola não era mais do que uma concha vazia, da qual alguém já tinha tirado toda a alegria.

Dia após dia, meus olhos se erguiam e fitavam o grande relógio no alto da parede, na esperança de que o tempo de alguma forma tivesse dado um salto para a frente, desde a última vez que eu tinha tido coragem suficiente para consultá-lo. Normalmente, eu contava as horas até receber minha liberdade de volta. Embora a princípio a escola parecesse prometer um círculo social onde me entrincheirar, eu logo percebi que não era tanto um clube social, e sim uma casa de detenção. Antes eu ansiava por escapar da minha casa silenciosa, e agora eu ansiava apenas por ficar no meu quarto e poder me perder em fantasias e devaneios sem ser interrompido. A maior parte dos meus amigos sentia a mesma coisa. Ou pelo menos dizia que sentia. Mas eu sempre me perguntava se eles falavam tão a sério quanto eu. Quando eu dizia que odiava a escola, eu falava sério tanto quanto um cara no deserto precisa de água. Quando eles diziam que odiavam a escola, falavam como um garoto cheio de tesão diz que ama uma garota porque sabe que ela precisa ouvir isso para começar a tirar a roupa. Com certeza, eram todos tão infelizes quanto eu ou qualquer outro paspalho quando aprendíamos matemática ou fazíamos um daqueles trabalhos de escola malfeitos em que você cola adesivos numa cartolina e pinta. Mas eles pareciam se distrair facilmente com um breve intervalo e um petisco ocasional. Eu não ligava para futebol e não queria uma caixinha de suco. Queria fazer o que me dava vontade. E eu não tinha vontade nenhuma de ir à escola. Para falar a verdade, nem sabia o que eu tinha vontade de fazer, só sabia que não era aquilo. Isso com certeza.

Essa foi a primeira vez na minha vida que as minhas fantasias bateram de frente com a minha realidade. Toda a ideia de fazer o que você é obrigado a fazer e não o que você tem vontade de fazer é um conceito ultrajante para uma criança. Antes de ter idade para ir à escola, se você quer uma coisa, basta apontar para ela que já a consegue, ou grita alguma coisa incoerente se não a consegue. Ou por eterno amor ou pela necessidade de preservar os ouvidos, alguém por fim lhe dá o que você quer ou fala para você calar a boca. Porque você é criança. E a vida das crianças supostamente é para ser uma grande terra da fantasia, com possibilidades ilimitadas. Mas parecia uma grande sacanagem esse negócio de ter de fazer "o que esperam que você faça" ou só porque os outros dizem para você fazer. Na verdade, deixava um gosto muito amargo na minha boca. Todo mundo falava que ir à escola era "a coisa certa a fazer", mas se aquilo era mesmo verdade, eu só ficava me perguntando por que a escola parecia algo tão absurdamente errado.

Eu passei a me dedicar com unhas e dentes à tarefa de questionar a lógica por trás da escola. Toda semana, enchia o saco da minha mãe perguntando por que tínhamos de ir à escola. Perguntava, com toda a seriedade que um garoto de 6 anos podia demonstrar, quem tinha inventado a escola. Ela dizia que ninguém tinha "inventado" a escola, que o governo só tinha criado uma infraestrutura para ajudar a promover a educação das crianças e torná-las adultos capacitados e produtivos. Levei um tempinho para digerir isso e depois perguntei a ela como eu poderia entrar em contato com o "governo" de que ela falava. Ela nunca me deu uma resposta direta para essa questão e isso sempre me deixava chateado. Mas não tinha muita importância, porém. Minha mente já tinha elaborado a resposta: quem quer que estivesse por trás desse lance de escola poderia ter projetado sua infraestrutura para as crianças, mas essa pessoa com certeza não estava nem aí para a felicidade delas.

Fora da sua família, a escola é muitas vezes a primeira vez que muitas crianças interagem pra valer com os adultos. Você não os conhece e eles não conhecem você, mas existem regras e expectativas incorporadas. Algumas crianças tentam se safar dos deveres escolares, mas acabam sendo forçadas a agradar os professores para passar de ano. São eles que controlam o acesso à sua futura liberdade. Acho que nunca me apaixonei pela escola também porque nunca fui de fato apaixonado por nenhum dos meus professores. Quase todos eles pareciam amargos e raivosos, como se tivessem ficado tempo demais sentados na mesma cadeira, na mesma escrivaninha, na mesma sala.

Eu simplesmente não conseguia entender como alguém poderia querer ser professor. A ideia de alguém conseguir passar a infância inteira dentro de salas de aula, depois o início da vida adulta numa classe maior, só para retornar depois, me deixava chocado. Eu odiava a escola.

O professor mais inesquecível que tive era um cara que eu chamava de sr. Moss. Infelizmente ele é inesquecível por todas as razões erradas. Muitas vezes seu temperamento fugia à minha compreensão e ele investia contra os alunos com uma explosão feroz de xingamentos. Tinha um cabelo afro, ou o mais próximo disso que se pode chegar quando se é um branquelo quarentão, e sempre fazia questão de andar com a camisa polo enfiada dentro das calças de agasalho com listras laterais. Todo santo dia, durante três anos seguidos, ele usou esse uniforme, avesso à ideia de obedecer às regras sociais ou de higiene pessoal.

Até então eu nunca tinha encontrado alguém cujo emprego era cuidar de crianças e ainda assim odiasse tanto crianças quanto o sr. Moss. Era quase como se ele tivesse perdido uma aposta e sido obrigado a ser professor, depois que os colegas o forçaram a cumprir o prometido. Seu raivoso desdém pelas crianças menos brilhantes da classe era tão palpável que ele praticamente o cuspia por entre os dentes. Uma vez, um loirinho muito tímido que se sentava num canto da sala e às vezes enfiava a mão dentro das calças — vamos chamá-lo de Michael Smith —, sem querer disparou o alarme do seu relógio de pulso. Era um relógio barato, mas tinha um sistema de alarme poderoso. Ele tocava tão alto que me lembrou uma simulação de incêndio em que tinham insistido em tocar o alarme só para provar que o negócio era para valer. Então o relógio dele disparou e, desnecessário dizer, não colaborou muito para aumentar a produtividade em sala de aula. O garoto não sabia como desligar aquilo. Ou pelo menos não sabia como lidar com situações sociais de alta pressão. Seja qual for a razão, o sr. Moss não estava a fim de barulho. O relógio simplesmente continuou tocando e os alunos rindo e Michael entrou em pânico. Se de início só ficou irritado, depois o sr. Moss começou a ficar furioso.

"Traga essa droga de relógio aqui!"

Obediente, Michael se levantou da carteira e foi andando, aos tropeços, até a frente da sala, enquanto lutava para transferir o relógio do pulso para a palma da mão. O sr. Moss arrancou o relógio do menino e colocou-o sobre a escrivaninha, na frente de toda a classe. Por um minuto, só fitou o relógio em silêncio. Depois se levantou, foi até os fundos da classe, abriu a porta de uma dispensa provisória que também servia como armário de casacos e voltou segurando o que parecia uma bola de boliche pequena. Acabamos percebendo que era uma bola de arremesso, do tipo que só fortões capazes de levantar carros atiram nos Jogos Olímpicos porque são pesadas pra caramba. O professor voltou para a frente da sala e então estilhaçou o relógio em milhões de pedaços. Todo mundo na sala ficou em silêncio, como se tivesse acabado de testemunhar um cachorrinho sendo atropelado por um ônibus. Eu olhei para Michael e ele estava com um olhar estranhíssimo na cara, como se tivesse visto algo que o deixara extremamente feliz e extremamente triste ao mesmo tempo. Tenho que admitir que pairou no ar uma estranha sensação de tranquilidade, depois que o alarme foi silenciado. Ainda assim, ninguém soube o que fazer depois. Mas ficou evidente daquele dia em diante que o sr. Moss era um terço professor e dois terços uma bomba-relógio pronta para explodir. Se a escola era um lugar para se aprender, minha maior conclusão dali em diante foi que o cenário social ao meu redor era inseguro, assustador e imprevisível.

O outro lance da escola que pode dar errado são as crianças.
    Algumas acabam sofrendo bullying. Não há muito como escapar disso. Algumas são pegas para cristo e acabam virando diversão na mão das outras, ao passo que outras não são. Não entendo muito bem por quê. Só sei que isso acontece. Eu era uma dessas crianças que sofriam bullying.
    Ninguém na verdade sofre bullying porque "merece". Pelo menos eu acho que não. É difícil imaginar por que uma criança poderia merecer uma sentença de tortura social na vida. Mas se eu fosse arriscar dizer por que eu sofria bullying, diria que provavelmente era por causa da minha aparência. Eu não era uma criança feia. "Feio" é uma palavra forte demais. Eu só tinha uma grande "cara de me bata". Posso dizer isso com objetividade e sem exagerar na autocrítica, porque de fato passei muito tempo pensando a respeito. Eu tinha um cabelo

meio desleixado e cheio de cachos, e parecia ter medo de contato físico, e esses fatores pareciam ser muito tentadores para os valentões da escola primária da minha cidade natal.

Além disso, eu era extremamente sensível. Absolutamente, embaraçosamente, sensível. O tipo de sensibilidade que emana de você, como um sinal de fumaça anunciando insegurança. Talvez isso decorra do fato de ter crescido no seio de uma família problemática ou de ter assistindo filmes demais com a minha mãe, ou talvez só porque eu fosse um "manteiga derretida", como uma vez me descreveram. Não tenho bem certeza do que me fazia ser tão sensível. Só sabia que era. Era emotivo e pelo jeito tinha um botão de "parar" quebrado nos meus canais lacrimais. Literalmente. Quando bebê, eu chorava tanto que minha mãe me levou ao médico e descobriu que um dos meus canais lacrimais, que é basicamente o lugar onde ficam armazenadas as lágrimas, não estava funcionando direito. Tive que fazer uma cirurgia. Bizarro.

Por isso era muito fácil arrancar de mim uma reação. Eu chorava fácil e era muito gentil — ou muito inseguro — para pensar em me defender. Minha natureza amável tornou-se como que um passe livre para me baterem. Tudo que um valentão procura numa vítima em potencial podia encontrar em mim. Portanto, eu sofria bullying. Começou aos poucos, como essas coisas em geral começam. A princípio, era só um grupinho de crianças, Hayden, Alex e Kelly, que era maldoso comigo. Na maior parte das vezes eram ataques verbais, como "Breel gosta de fazer um boquete!", com um obrigatório movimento de quem está chupando um pênis e uma ocasional rasteira no corredor. Diziam coisas sobre como eu lançava a bola de basquete como uma menina e como chupava os cordões do meu blusão, que para minha consternação era verdade. Eu chupava os meus cordões quando estava nervoso, e sabia que isso era tão constrangedor quanto o barulho que esse hábito produzia, mas ainda assim não conseguia me conter. Havia algo de relaxante nisso, eu acho. Então esses caras faziam comentários sobre todos os meus hábitos bizarros, e eles eram um ano mais velhos e nada simpáticos, enquanto eu era inseguro, por isso simplesmente deixei que acontecesse.

Vale dizer que, individualmente, todos os três eram muito gente boa. Juntos, no entanto, se transformavam em candidatos a uma gangue pré-adolescente de parquinho, determinados a se divertir com meu constrangimento e com o de outros garotos. A ironia é que todo mundo falava sem parar sobre bullying na minha escola. Havia cartazes em todos os corredores sobre o assunto e plaquinhas nos banheiros com o desenho de uma criança empurrando outra no que parecia uma lata de lixo e com um grande X vermelho na frente. Alguém até foi na escola dar uma palestra sobre bullying. A moça falou por quase uma hora, tempo suficiente para matar uma criança de tédio, mas eu me lembro de que era uma palestrante muito boa. Contou histórias sobre os adolescentes que praticavam bullying na escola secundária onde ela estudava e que costumavam pedir pizza e mandar entregar na casa dela sem que ela soubesse, e enchiam sua mochila de ervilhas. Tudo isso parecia muito original e até engraçado. O que decepcionava era o fato de que a minha situação não tinha nada a ver com isso. Não havia nenhum planejamento nem preparação. Esses caras preferiam infringir dor de improviso, com se por algum motivo isso deixasse todo o lance mais impressionante. O que lhes faltava em espertza sobrava em crueldade. Não havia jogos de palavras nem insinuações maliciosas, só a velha e boa maldade.

Uma das coisas que mais gostavam de fazer era me dar uma "cachoeira". Se você conhece essa "prova de maturidade", sabe que cachoeira é quando está inocentemente parado num lugar e vem alguém por trás e dá uma joelhada logo abaixo dos seus joelhos. Depois alguém corre pra cima de você pela frente e o empurra sobre a outra pessoa que, sem você saber, já estava ajoelhada ali atrás, só esperando. Toda a operação leva em torno de dez segundos e só deixa você com umas duas costelas doloridas. Se a coisa toda não resultar ao menos num machucado ou em lágrimas significa que não fizeram direito. Hayden, Alex e Kelly fizeram isso comigo uma vez por semana durante um ano inteiro. Com o tempo acabei ficando menos reativo à cachoeira. Descobri como perceber quando um deles estava se aproximando e ficou mais fácil evitar a sacanagem. Além disso, aprendi que, mesmo quando é pego de surpresa, tudo que você precisa fazer é erguer os calcanhares ao sentir que está caindo e dar dois pontapés na cara do sujeito ajoelhado atrás de você. O caso é que, se você fizer isso uma ou duas vezes, ninguém mais vai querer ser o cara que fica de joelhos. Essa foi uma lição valiosa para mim — ou seja, que às vezes as pessoas fazem coisas com você porque não sabem quanto dói quando fazem o mesmo com elas.

A ESCOLA É SIMPLESMENTE UMA PARADA DURA. É esse grande experimento social, com todas essas pessoas diferentes, mantidas numa atmosfera confinada, semelhante a uma prisão, e tentando se dar bem. Isso tem tudo para virar tragédia. E se não tragédia, no mínimo tédio mortal. Você atravessa as grandes portas e entra num grande caixote e depois atravessa uma portinha e entra numa caixa menor e depois se senta numa carteira que parece uma caixinha e espera que alguém diga que você pode abrir a caixinha onde traz seu lanche e devorá-lo. A coisa toda começa a parecer um longo e demorado estudo só para ver até quando se consegue prender a atenção das crianças até que elas caiam no sono. Acho que só não contavam com o fato de que muitas vezes professores e alunos eram levados a cair no sono ao mesmo tempo.

É duro ser criança e vítima de gente maldosa. Ninguém nunca lhe diz como lidar com isso. Eu supunha que a melhor forma fosse ignorar. Não queria falar e muito menos pensar a respeito. Mas lidar com isso — revidar ou contar aos pais ou qualquer coisa assim — não é a pior parte. Não mesmo. A parte mais difícil é tentar descobrir se essas pessoas estão certas com relação a você. Se um determinado número de pessoas diz algo com uma certa convicção, é muito fácil acreditar. Para mim era como se todo dia me dissessem com uma clareza fulminante e inegável que eu era burro e babaca e ninguém estava nem aí comigo. Depois de um tempo, acho que comecei a me perguntar se aquilo não seria verdade. Eu não sabia o que pensar. Só sabia que era solitário e carente de amor, e odiava me sentir assim.

Fiquei tão acostumado à rotina diária de rejeição que quase não notava mais quanto isso me feria. Tinha aceitado o meu lugar no totem social e estava farto demais até para pensar em como mudar isso. Talvez eu merecesse mesmo toda aquela tiração de sarro. Eu era mole, por dentro e por fora, e sabia disso. Meus olhos lacrimejantes e minhas pernas finas, que me faziam parecer um "tronco apoiado em dois lápis", eram simplesmente a prova visível do que eu era um perdedor. Talvez eu pudesse ter mudado isso. Talvez pudesse ter encontrado um jeito de vencer meus inimigos. Mas me parecia na época que meu corpo idiota, meu cabelo idiota e minha cara idiota tinham conspirado para me condenar a uma vida inteira de vergonha.

Eu também não ousava contar à minha família sobre isso. A princípio, porque achava que, se contasse sobre os garotos que me agrediam, eles poderiam ficar do lado deles. Eu tinha essa preocupação cega e fervorosa de que, se contasse, todos iriam parar e dizer: "Bem, já que você mencionou..." Depois, quando superei esse modo de pensar, não contei só porque não queria que soubessem que a criança a quem tinham tantas vezes repetido que era especial havia por fim descoberto que não era especial coisa nenhuma. Achei que iria decepcioná-los, como se o valor que atribuíssem a si mesmos dependesse da minha capacidade de ter sucesso na escalada social da escola primária. O medo e a discrição foram dois hábitos que eu adotei desde muito cedo, eu acho. Por isso demorei muito para contar a eles. Só continuei indo para a escola e para casa e fingindo que esses dois lugares eram fantásticos. Eu me perguntava se, por acaso, se me forçasse a pensar assim várias vezes, isso não acabaria se tornando verdade. Patologicamente, continuei nesse caminho de quase automotivação, determinado a enfiar na minha cabeça dia após dia que eu era feliz.

Acho que para mim a escola era até certo ponto uma prisão intelectual e emocional. Dentro daquelas paredes, minha caótica porém secreta necessidade de me entrosar e ter amigos estava quase sempre implorando para vir à tona. A atmosfera problemática dentro da minha casa me deixava desesperado pela intimidade de uma verdadeira amizade e conexão. Muito embora eu não deixasse de receber amor em casa, havia partes de mim que se sentiam vazias. Eu queria ganhar a afeição das outras pessoas por nenhuma razão que não fosse provar a mim mesmo que conseguiria. Provar que eu era digno de amor. Provar que talvez não fosse um perdedor. É exaustivo ser tão duro consigo mesmo. E até pior que tudo isso, no entanto, talvez fosse o pensamento de que eu obteria alívio quando encontrasse pessoas que me aceitassem. Eu não sabia que o mais importante era derrubar os muros altos da aversão por mim mesmo e realmente me aceitar.

U<small>M DIA, CHEGUEI POR FIM AO MEU LIMITE</small>. Meu patinete — uma geringonça capenga e barata, de pintura metálica, que estava na moda — foi roubado na escola. Eu soube quem tinha feito isso quase antes de saber que o patinete tinha sido roubado. Eles o tinham levado para dar uma voltinha e deixado um pouco mais adiante, no final da rua, perto da minha casa. Fui andando para casa naquele dia, com os olhos cheios de lágrimas, amaldiçoando a minha genética e meus dutos lacrimais de manteiga derretida.

Em casa, disse à minha mãe que eu queria mudar de escola. Não aguentava mais.

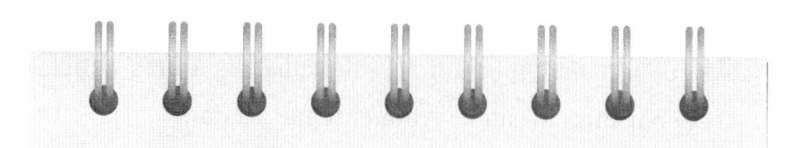

UM TOQUE PARA MIM MESMO

Se ninguém escolher você, escolha você mesmo. Se ninguém aceitar você, aceite você mesmo. E se você quiser chupar seu blusão, chupe seu blusão e mande todo mundo se danar.

3 Irmão de outra mãe

Minha nova escola se chamava Willows. Era um prédio gigantesco, velho e à beira do desmoronamento, que tinha um campo de futebol do tamanho de um estádio, onde meu ônibus parava todas as manhãs. Para mim era ao mesmo tempo revigorante e assustadora. Cheguei no primeiro dia sem conhecer uma alma e quase me arrependi instantaneamente de ter mudado para lá. Os alunos já se conheciam. Acho que isso já devia ser óbvio. Mas eu estava tão desesperado para fugir da minha dor que não tinha parado para de fato pensar nisso. Agora essa constatação me atingia em cheio: todo mundo na Willows — uma mistura confusa de instituição, escola primária e secundária, tudo ao mesmo tempo — estudava junto fazia cinco anos e já tinha amizade, ao passo que todos que eu conhecia ainda estudavam em Cadboro Bay. Ali eu era um novato apavorado, tentando aguentar firme, exalando desespero, destinado a ficar sozinho. Eu estava totalmente solitário, mas com esperança de que, de alguma forma, as coisas pudessem mudar para melhor. Eu faria amigos e dançaria em direção ao pôr do sol, enquanto mostrava o dedo do meio para os valentões que zoavam comigo e meus professores metidos a besta.

À CERTA ALTURA, e poderia muito bem ser agora, pode valer a pena explicar que eu não sou muito bom em fazer amizades.

Não que eu seja ruim nisso. Não sou um bundão nem nada assim. Só tenho umas bizarrices que torna mais difícil gostarem de mim. Sou irrequieto. Tenho dificuldade para me focar nas pessoas. Sou egoísta. Não o tipo de egoísmo de quem diz "sou um cara legal e ninguém pense em me convencer do contrário", mas do tipo que interrompe a história que você está contando sobre o seu cachorro que morreu pra contar uma piada que eu acho engraçada. Quero ir tomar café e conversar sobre garotas, economia e outras coisas das quais não entendo nada, mas ao mesmo tempo não bebo café e odeio conversas que se baseiam apenas na observação. Quero conversar com as pessoas sobre coisas reais — medos, sonhos, porque todo mundo teima em beber leite de soja — e todas essas coisas boas. E tenho muito pouca paciência com papinhos banais. Não quero fingir me preocupar com coisas que me parecem insignificantes ou que acho idiotas. E talvez por isso sempre tenha sido tão difícil para mim fazer amizade com várias pessoas. Mas a questão é: embora eu odiasse papinhos banais e amabilidades, tinha um desejo profundo de fazer amizade com quase todo mundo. Eu adoro pessoas. Quero conhecê-las e curti-las. Gostaria de acreditar, pelo menos quando se trata de seres humanos, que sou um cara decente com quem é muito fácil conversar e que não tem a mania de julgar todo mundo. E com um pouco de persuasão social, posso até calar a boca e ser um bom ouvinte.

 Esse lance de amizade, porém, leva tempo para engrenar. Leva muito tempo. Exige telefonemas e longos percursos de carro em horas estranhas, além de chegar junto e dar atenção e ouvir longas histórias que às vezes enchem o saco. Todas essas coisas parecem mais obrigação do que liberdade. E, embora eu ansiasse por ter amigos, também ansiava por liberdade. Queria o mínimo de barreira possível entre mim e a possibilidade de me perder no meu mundinho de fantasias. Por isso parecia existir um ponto de colisão entre liberdade e amizade, entre meu próprio desejo altruísta de amar e meu desejo completamente egoísta de não ter nenhuma obrigação, com ninguém, sob nenhuma circunstância.

 Mas talvez tudo isso — a solicitude, o esforço, a experiência excruciante de ouvir alguém contar a você uma história que já lhe contaram — seja exatamente a definição de amizade. Talvez espera-se que aprendamos a amar, para que possamos ver que existe um propósito em investirmos nas outras pessoas. Talvez precisemos nos importar com os outros para aprender a apreciar as maneiras pelas quais os outros se importam conosco. Talvez precisemos da amizade como uma maneira de nos forçar a prestar atenção em alguém que não seja nós mesmos.

De vez em quando, no entanto, aparece alguém na nossa vida cuja presença é tão persuasiva que você esquece que anseia por liberdade. Esquece que a amizade pode ser uma coisa difícil. Esquece que ela pode consumir todo o seu tempo ou drenar sua energia ou ser estressante, porque ela não é nenhuma dessas coisas. É como se essa pessoa fosse a versão perfeita de todas as exigências cuidadosamente construídas sobre como alguém deveria ser para se tornar seu amigo. Às vezes essa pessoa simplesmente aparece na sua vida e muda tudo para você.

Para mim, essa pessoa foi um garoto chamado Jordan McGregor.

JORDAN TORNOU-SE MEU MELHOR AMIGO do jeito que uma boa piada vai evoluindo até arrancar risadas — avança devagar a princípio e, então, de repente, torna-se irrefreável. Ele era o garoto mais tampinha da escola e vivia com um sorriso frouxo na cara e uma jaqueta meio estufada. Ele nunca tirava essa jaqueta, mesmo quando estava calor e o mundo estava quase gritando para que ele a tirasse. A casa dele ficava perto da nossa escola e logo ficou bem claro que a casa do Jordan era um lugar que só poderia ser descrito respeitosamente como uma terra sem lei. O pai dele era um homem agradável chamado Jim, que tinha seu próprio negócio e fazia seu próprio horário. A empresa dele não podia ser menos convencional: uma barraca de cachorro-quente onde se podia desde comprar um engordurado Corn Dog até alugar um carro *vintage*. Turistas americanos adoravam; era como se passear num carro sem cinto de segurança e com o escapamento barulhento fosse um rito de passagem quando se visitava o Canadá. Jim tinha uma coleção de carros bizarros e incríveis: imensas limusines, longas o suficiente para levar dezenas de pessoas, e Hummers com banheiras na parte de trás e carros clássicos que pareciam aqueles em que presidentes dos anos sessenta poderiam ter andado.

Eles não eram de uma família endinheirada — moravam de aluguel e se mudavam de dois em dois anos ou coisa assim —, mas sim uma família divertida. Jim era um dos pais mais descolados que alguém pode ter e, sem que ninguém tivesse pedido, ele meio que passou a ser meu pai também. Invariavelmente, usava quase sempre a mesma roupa todo dia: uma combinação infeliz de calça cáqui manchada, tênis de corrida New Balance, uma camisa polo enfiada só pela metade dentro da calça e um chapéu vagabundo cor de creme. Era como se ele acordasse todas as manhãs determinado a mostrar o dedo médio a qualquer um que se importasse com a moda ou gostasse de variedade.

Na maior parte do tempo, a casa de Jordan era um lugar em que podíamos fazer qualquer coisa que quiséssemos. Isso significava uma quantidade perigosa de tempo sem supervisão para garotos na pré-adolescência, e nunca deixávamos de tirar o máximo proveito disso. Sempre havia uma galera na casa de Jordan, que ficava lá até tarde assistindo filmes de terror e comendo porcarias. Adam era o meu amigo que tinha um cabelo desgrenhado e abdômen de tanquinho. Sério. Ele tinha mesmo abdômen de tanquinho quando o resto de nós ainda estava esperando o pinto crescer. Era a coisa mais maneira deste mundo, e mostrávamos isso a ele nunca, mas nunca, falando a respeito quando ele estava por perto. Trent foi a primeira pessoa que conheci realmente capaz de contar piadas de peidos inspiradas na vida real. É algum tipo de clichê masculino andar por aí o dia todo falando sobre cagar e mijar e trepar. Ou pelo menos eu achava que era. Mas então conheci Trent e ele abriu meus olhos para todo tipo de nojeira inominável. Muitas vezes ele entrava na sala de estar e gritava: "HORA DE TRENT ESVAZIAR OS INTESTINOS!" e soltava aquele tipo de gás que, numa determinada quantidade, era capaz de tirar até a vida de uma criança pequena. Chris McBride às vezes aparecia também. Ele tinha um metro e oitenta de altura antes de chegar aos 10 anos e quase parecia um personagem de desenho animado; seus pés eram virados para dentro, os ombros caídos e as costas curvadas como se quisesse tocar o estômago com o peito. Não tinha nenhuma coordenação motora e eu me sentia muito mal por ele. A parte encantadora de Chris, no entanto, era que ele aproveitava tudo isso para se transformar num gênio da comédia, exagerando sua falta de coordenação e constantemente se machucando e se constrangendo em favor de uma boa gargalhada. Ele era nossa versão da vida real de um dos caras desmiolados que protagonizavam *Jackass*, uma série em que um grupo de rapazes se metia em todo tipo de encrenca por pura diversão. Não havia nada que ele não fizesse para nos ver dar risada.

Essa era a minha trupe. E ficando acordados até tarde às sextas-feiras à noite na casa de Jordan, nós nos convencemos de que a vida não poderia ser melhor. Talvez tivéssemos certa razão. Não havia regras, nem responsabilidades, nem regulamentos. Só diversão. Era um jeito incrível de se passar a adolescência. Eu costumava contar à minha mãe algumas das coisas que aprontávamos na casa e ela ficava preocupada e dizia que não devíamos ficar acordados depois da meia-noite e que eu com certeza não devia assistir a nenhum filme de "gente se matando". Ela fazia uma lista de outras coisas que eu não achava importante ouvir. Achava na época que os adultos eram todos basicamente crianças envelhecidas que não queriam que nos divertíssemos porque eles mesmos não podiam mais se divertir. Jim era o único adulto que eu conhecia que ainda queria ser criança. Os brinquedos e as brincadeiras só tinham ficado maiores. Eu achava aquilo muito legal.

Minha amizade com Jordan logo se tornou a melhor e mais saudável coisa da minha vida. A família dele me aceitou e fez com que eu me sentisse importante. Sempre havia muita coisa acontecendo naquela casa e ela nunca era silenciosa, vazia ou solitária. Eu sempre me sentia fazendo parte de alguma coisa lá. Com o tempo, ficou mais fácil ficar na casa dele do que na minha. Fazíamos o que queríamos, conversávamos sobre o que bem entendêssemos e não tínhamos que ficar ouvindo ninguém. Era quase como morar numa fraternidade com poucas normas. E isso tornou a minha vida plena como nunca antes.

Havia dois garotos mais novos na Willows que nunca se cansavam de ser irritantes e estavam sempre merecendo apanhar, algo que todos nós queríamos fazer, mas tínhamos medo de pôr em prática. Vamos chamá-los de Nate e Jeff. Eles eram uma dupla e tanto: ambos eram ridículos, rudes e com um comportamento que beirava à psicopatia. Jeff era um pouco menos sem noção — tinha o cabelo raspado e era um pouco mais roliço no meio do corpo e acéfalo perto do topo. Nate era o oposto — magro como uma navalha, com um sorriso idiota na cara e uma corrente de prata com seu nome gravado nela, como se tivesse voltado do Vietnã ou coisa assim. Nate falava muito mais abobrinha do que Jeff conseguia processar e era por isso que eles demonstravam uma maravilhosa simbiose quando estavam juntos: Nate fazendo jorrar de sua boca coisas que não faziam sentido nenhum e Jeff concordando porque lhe faltava capacidade mental para pensar numa razão para discordar. Nate era socialmente cego e Jeff, intelectualmente surdo, e juntos formavam uma duplinha caótica. Tudo isso ia muito bem obrigado até que Nate começou a mirar em nós seu papinho de merda.

"Eeeeei, Jordan McGreeegor! O espaço entre os seus dentes é maior que uma crateeeera!"

Essa era uma das suas tiradas mais inteligentes e bem construídas. Na maior parte das vezes, ele só fazia piadinhas inofensivas, zoava nos corredores ou fazia comentários na saída do banheiro, mas, por fim, como uma locomotiva determinada a correr a toda velocidade na direção de uma parede de concreto e explodir, ele continuou nos pentelhando com a sua boca grande, arreganhando-a a ponto de vermos a sua garganta e todas as partes feias da sua alma. Ele era de fato um babaca bundão, se é que é possível ser tudo isso aos 10 anos de idade.

A coisa toda chegou ao ápice num dia em que Nate e Jeff foram à quadra de basquete durante as férias. Estávamos jogando uma partida e todo mundo sabia que, quando nosso grupo estava jogando, não era para ninguém interromper o jogo, nem incomodar ou interferir se não quisesse buscar a morte por meio da humilhação social. Mas Nate chegou e começou a fazer arremessos no lado da quarta que não estávamos temporariamente usando. Quando a bola atravessou a cesta e o jogo voltou a ocupar o lado da quadra em que ele estava, Nate continuou arremessando. A audácia do garoto exalava por todos os poros do seu corpo e poderia empestear um cômodo inteiro.

"Ei! Já ouviu falar em algo chamado 'cai fora daqui'?", gritou Brandon Parmar, um intimidante garoto índio que já tinha uma faixa de barba no queixo e vinte quilos de músculos. Nate, sempre imune a comentários que não massageassem seu ego, decidiu ignorar aquilo. Chris Hartley, que já gostava de uma briga e detestava Nate, aproveitou a oportunidade para fazer um corte com a bola para o canto da quadra, derrubando Nate no chão com a mesma facilidade, como se fosse desse jeito que tivesse aprendido a fazer essa jogada. Irritado, Nate se levantou e atirou sua bola na cabeça de Chris, errando por pouco os óculos que todo mundo dizia que o deixavam com a cara do Harry Potter. Eles trocaram alguns insultos, todos abafados pelas batidas da bola no chão e pelo jogo que prosseguia.

Antes que eu percebesse o que estava acontecendo, um já estava empurrando o outro, ainda soltando palavrões e dizendo coisas que eram meio grunhidos, meio obscenidades. Tentando arrefecer os ânimos, todos paramos de jogar e começamos a milenar tradição de todo mundo segurar todo mundo e ao mesmo tempo empurrar os outros que tentavam segurar todo mundo. Era a boa e antiquada disputa dos aspirantes à masculinidade. E foi então que a coisa fedeu.

Agarrei Nate pela camiseta e usei toda a minha musculatura pré-adolescente para fazê-lo retroceder alguns centímetros. Acho que essa deve ter sido a gota d'água, pois tão logo eu o puxei ele já começou a disparar uma série de sentenças tão rápidas e vulgares que mal consegui processá-las linearmente. Era como se eu tivesse fazendo uma viagem no tempo em termos de insulto, me desviando da torrente de *porras, merdas* e *seus filhos da puta*. De início vieram todos para cima de mim, como uma cascata de insultos. Mas Nate, sendo Nate, tinha só que abrir a boca uma última vez, só para o caso de ainda restar alguma dúvida de que ele era a pior pessoa que já pisou na Willows.

"Bom, pelo menos meu pai não é um bêbado, nem pobre e não anda por aí dirigindo uma picape vermelha de merda!"

Ouvi as palavras dele primeiro através dos ouvidos e depois através do coração. Agora, é claro, eu tinha que concordar com Nate. Meu pai era todas essas coisas. Era um bêbado, sua picape era basicamente um bloco de ferrugem sobre rodas e minha família estava longe de ser rica. Mas eu não iria deixar que ele soubesse disso. Tentei pensar em algo para dizer e, quando meu cérebro ficou em branco, recorri àquilo que qualquer garoto com algum respeito por si mesmo tentaria fazer e tentei acertar um soco na cara dele. Pateticamente, o soco não chegou nem perto da cara dele, pois eu tinha sem querer revelado a tal ponto a minha intenção com o meu corpo que cinco caras me agarraram pelos ombros antes que eu conseguisse dar impulso para a frente. Por uma fração de segundo pude ver um olhar de puro choque nos olhos dele quando tentou entender o que estava acontecendo. Pela primeira vez na vida, ele tinha passado de presunçoso para assustado. Muito embora ninguém tenha lhe tenha dado um soco na cara, de um jeito estranho isso foi muito mais satisfatório. Antes que eu pudesse celebrar o fato de tudo estar certo neste mundo, os professores correram todos para a quadra, apartaram a briga, confiscaram todas as bolas e nos colocaram em salas separadas da escola. Disseram que iriam chamar os nossos pais e contar a eles o que tinha acontecido. Eu esperava que, quando fizessem isso, dissessem a eles que, pela primeira vez na vida, eu tinha amigos que me defendiam.

Aquilo foi fantástico para mim, como se a mais pura alegria daquilo tudo tivesse atravessado a minha pele e banhado as partes carentes da minha alma.

No primeiro verão depois de acabarmos o fundamental, tudo parecia possível. Tirando a insegurança em relação ao próprio corpo e a voz esganiçada, típicos da puberdade, tínhamos o mundo nas mãos para o desbravarmos como bem quiséssemos. Nesse verão, nenhuma daquelas coisas estranhas e pesadas parecia ter importância. Estávamos nas portas da adolescência. O colegial viria com o vento e as folhas e o outono, e tudo estava aberto e cheio de otimismo. Jordan até arranjou uma namorada. Eu fiquei chocado, depois encantado e depois simplesmente confuso. Achei que era legal, também era meio irritante, porque parecia que a gente ficava menos junto. Eu também estava a fim de garotas, mas nem me imaginava tendo uma namorada. Sempre que pensava num relacionamento, tudo que a minha mente podia visualizar era a cena de um antigo filme em preto e branco em que um prisioneiro observava o guarda fechando a porta da cela. O prisioneiro implorava desesperado por misericórdia, por liberdade, e pelo seu futuro, "POR FAVOR, EU TENHO UMA FAMÍLIA!", então a porta se fechava com um estrondo e a cela mergulhava na escuridão e ele gritava. Mesmo sendo tão jovem, eu já demonstrava todos os sinais de uma impressionante maturidade.

O nome da namorada de Jordan era Kimberly. Ela tinha cabelos ruivos e um piercing no nariz e já tinha experimentado drogas. Eu achava que ela era uma garota da pesada ou uma maluca. Depois de sair com eles algumas vezes, porém, percebi que na verdade ela era maravilhosa e decidi que não deveria ser cruel com ela só porque tinha um pedaço maior do coração de Jordan do que eu. De vez em quando nós até andávamos juntos como um grande grupo. Chris vivia ocupado demais gabando-se de si mesmo para ficar de conversa, Trent ficava constrangido de contar suas piadas de peido na frente das garotas e Adam estava provavelmente em algum lugar fazendo abdominais. Então em geral era bem esquisito. Kimberly dizia que tinha uma penca de amigas que adorariam sair comigo e eu presumia que ou ela estava mentindo ou ainda consumia drogas. De qualquer maneira, não fazia diferença. Eu ainda não estava interessado, e era verão e o sol estava lá fora e o mundo era nosso pela primeira vez. Por fim já tínhamos idade para pegar o ônibus e ir para o centro sozinhos; isso por si só não era diferente de um passaporte VIP para a nossa própria Nárnia.

Eu nunca tinha sentido isso antes, mas naquele verão era como se houvesse algum tipo de troca de guarda, em que as crianças ficavam livres e os pais tinham que trabalhar. Estávamos nos divertindo tanto! Era como se estivéssemos surfando a onda do dia de hoje, e quando essa onda nos deixasse na praia do amanhã, fôssemos realmente nos transformar em algo mais. Afinal de contas, nós íamos para o ensino médio.

A terra prometida. A meca de todas as coisas que eram importantes. Claro, eu sempre odiei a escola. Mas aquele era o *ensino médio*. Não um lugar de educação, mas um convite para ser fodão. A chance de deixarmos de ser garotos e nos tornarmos homens. Era o nosso momento de ouro: uma oportunidade para pegar a vida pelos chifres, realizar nosso potencial e "pegar um punhado de xoxotas e fazer outras merdas assim", como Trent tinha dito uma vez. Jordan e eu íamos dividir um armário, nos cumprimentar com um "Toca aqui!" no corredor e usar jaquetas esportivas com as cores e o emblema da nossa escola. E nada — nem mesmo nossa própria visão absolutamente ingênua e estreita de como toda a experiência seria — poderia nos deter.

EM ALGUM MOMENTO EM MEADOS DE JULHO, enquanto o verão ainda preservava seu mais forte senso de otimismo, eu tive que fazer uma viagem com a minha mãe. Aquilo até vinha a calhar, porque Jordan tinha que viajar com a mãe dele também. Nossas vidas pareciam estar em sincronia às vezes. Os pais dele tinham se divorciado um bom tempo antes e a mãe tinha se assumido lésbica. Eu não sabia bem o que isso significava até um dia em que dormi na casa da mãe dele e, quando acordei de manhã, havia vinte mulheres na cozinha bebendo suco de laranja com champanhe e me deram uma taça. Então para mim era isso que significava ser lésbica: você acorda cedo e mistura álcool e suco de fruta.

Então lá fomos nós viajar de carro com as nossas mães. A viagem prometia ser cheia de tédio e paradas para ir ao banheiro no acostamento das horríveis autoestradas, e eu estava cruzando a linha divisória entre a aceitação e a raiva da coisa toda. Jordan disse que tínhamos de construir nossos karts quando voltássemos para casa. Eu concordei. Tínhamos ficado trabalhando na "grande ideia" de construir dois karts e dirigi-los pela vizinhança. Considerando que o bairro dele se compunha, em sua maioria, de casais de aposentados, pequenas famílias e um homem numa cadeira de rodas, para nós essa ideia parecia genial. Jim sabia como colocar o motor no kart e, portanto, "tudo que tínhamos que fazer" era construir a lataria. Sabe, só uma carcaça feita de metal e fibra de carbono, a partir da qual poderíamos construir um veículo. Pensando bem, acho que nenhum de nós dois era capaz de construir nem uma cabana de cobertores decente, mas estávamos totalmente convencidos de que construir o chassi de um pequeno automóvel não seria problema nenhum para nós. Então eu parti com a minha mãe e Jordan partiu com a mãe dele, e eu disse a ele para me ligar quando tivesse voltado para casa. Ele disse que estava combinado. Lembro-me de sair pela garagem da casa dele e me xingar por não ter pego um Gatorade na geladeira.

A viagem de carro foi tão entediante quanto achei que seria. Minha mãe não me deixava ouvir nenhuma música com palavrões, mas, aos 12 anos, você *só* quer ouvir músicas com palavrões. Xingar é como tomar uma dose de heroína quando você tem essa idade. É uma sensação deliciosa, e todo adulto deste mundo desencorajando você a fazer isso só aumenta sua magnificência.

Íamos passar algum tempo na cidade grande, em Vancouver, onde minha mãe ia se encontrar com uma amiga, Liz, que além de ser uma coroa incrível, era também incrivelmente rica. A casa dela parecia saída de uma daquelas revistas de decoração que sempre estão perto dos caixas nos supermercados, espremidas entre as revistas de fofocas e aquelas com notícias bizarras e manchetes impactantes como "Alienígenas estão invadindo o Arkansas?!" e "Fontes próximas do presidente afirmam que 'ele tem o hábito de sugar os próprios mamilos'!".

A casa de Liz era absolutamente fabulosa, com uma longa piscina com raias, uma hidromassagem e uma vista para o que me parecia na época todo o universo. Depois de algumas noites lá, minha mãe parecia de fato feliz. Talvez fosse só por causa do vinho que ela tomava todo dia, mas isso não importava muito para mim. Eu me sentia feliz por ela. Era bom vê-la assim e era bom estar numa casa imensa, limpa e maravilhosa. Embora a nossa não se parecesse nem um pouco com aquela, era bom saber que pessoas que tinham coisas como aquela não consideravam pessoas como nós seres desprezíveis. O quarto onde eu dormia ficava em uma das extremidades da casa, com uma varanda que se estendia por vários metros e um banheiro tão grande quanto o meu quarto. Mal sabia eu que tudo na minha vida iria mudar enquanto eu vagava por aquele quarto.

Duas noites depois de chegarmos a Vancouver, eu estava enrodilhado num canto, lendo um livro sobre um árbitro da

NBA que fraudou um monte de jogos e ganhou milhões de dólares antes de ser pego. Eu estava na metade do livro e muito menos impressionado do que imaginava que ficaria ao começar a leitura. Desliguei o abajur e olhei pela janela. A lua crescente estava lá no céu, como se alguém tivesse pego uma faca e tirado uma lasca dela. Ela piscava para mim através da pequena vidraça e incidia do lado esquerdo da minha cama, e alguma coisa nisso era estranhamente reconfortante. Eu estava fedendo depois de passar o dia inteiro jogando sob o sol e as minhas pálpebras pesavam devido a uma combinação de gravidade, tédio e exaustão. Os números vermelhos e brilhantes do relógio digital em frente à minha cama me diziam que passava das nove e meia da noite. Enquanto eu decidia se saía na varanda para olhar a lua ou só ficava ali dormindo, minha mãe entrou. Ela disse algo em voz baixa que eu não consegui ouvir.

Antes que eu conseguisse reunir energia suficiente para pedir que repetisse, ouvi o telefone tocar. Parecia um pouco tarde para um telefonema, mas a casa não era nossa nem o telefone, por isso nem me incomodei. Ninguém atendeu, por isso ele continuou tocando; e o toque parecia ficar mais alto quanto mais era ignorado. O eco encheu cada centímetro da casa e por um instante não consegui ouvir mais nada. Então tudo ficou em silêncio outra vez. Voltei a olhar para a minha mãe, prestes a abrir a boca para falar, e, como se aproveitasse a deixa, o telefone começou a tocar novamente.

Triiiiiiiiiiiiiiiiiiiiiim!

Por fim, ouvi Liz atender. Quase não dava para ouvir, por causa da distância e da minha falta de interesse, mas parecia que ela estava subindo as escadas. Liz entrou no quarto, parecendo meio desequilibrada, quase enfraquecida, e olhou para a minha mãe, enquanto estendia o telefone para ela, como se não soubesse o que fazer com ele. Minha mãe o pegou com uma mistura de surpresa e silêncio. Começou a falar e, pelo seu tom de voz, soube no mesmo instante que era meu pai. Vi os olhos da minha mãe ficando cada vez mais arregalados, sua respiração ficando cada vez mais superficial e sua mão tampando a boca. Ela se manteve em silêncio por mais alguns segundos, como se abraçasse a si mesma à espera de um soco que sabia ser inevitável. De repente, as lágrimas afloraram e ela passou o telefone para mim. Os pensamentos davam voltas na minha cabeça. Eu quase nunca via a minha mãe chorando, se é que tinha visto alguma vez. Tentei imaginar o que poderia ter acontecido. Nosso cachorro? A casa? Tinham descoberto a pornografia que eu e os meus amigos tínhamos gravado no computador? Antes que eu pudesse pensar em qualquer coisa lógica, peguei o telefone e ouvi a respiração pesada do meu pai vibrar na minha orelha.

"Alô?"

"Oi, Kev..."

"Sim?"

"Sinto muito, cara. Mas... Jordan... Jordan sofreu um acidente de carro, e Jim acabou de me ligar para dizer que ele não resistiu."

Eu parei um segundo, a confusão que crescia dentro de mim só não era maior do que o silêncio. Era como se a linha tivesse ficado muda, mas depois ouvi o som inconfundível de uma garrafa de cerveja batendo contra uma mesa de madeira. Meu pai estava bebendo. E pela primeira vez na vida, tinha um bom motivo. Meu melhor amigo, Jordan, a apenas 66 dias de se tornar oficialmente um adolescente, estava morto.

Num momento como esse, tudo que você acha que sabe sobre o mundo, percebe que não sabe. Você quer que seja uma piada. Quer que estejam errados. Quer que seja um sonho. E não é nenhuma dessas coisas. É real. E dói mais do que qualquer outro tipo de dor que você já tenha sentido. Jordan, com toda a sua inocência e alegria e prazer pela vida e deslumbramento, estava morto. E eu ainda estava aqui.

O funeral de Jordan foi um desastre.

Eu não podia acreditar que meu amigo estava morto. Minhas lembranças dele ainda eram vívidas demais! Se fechasse os olhos por um segundo, eu podia vê-lo. Podia ver seu cabelo, o jeito como os fios nunca pareciam ter uma direção ou formato certos. Eu podia ver seu sorriso, tanto aquele que aparecia em momentos de timidez quanto o outro, que se abria em momentos de prazer. Podia ouvir sua voz em todos os decibéis diferentes e o jeito como suas sobrancelhas se erguiam quando ele contava uma história que queria que você levasse a sério. Eu podia ver todas essas coisas e, no entanto, ele estava morto. Isso me deixava furioso. Um sentimento de raiva e de traição borbulhava no meu peito, gritando para ser posto para fora. Quando estava todo mundo sentado lá, dentro de uma igreja católica com o sol atravessando os vitrais, era como se o som mais alto do mundo fosse o silêncio. O funeral de um garoto não é exatamente uma festa. Eu não chorei. Chorei antes e chorei depois, mas não lá. Queria ser forte e achava que ser forte era isso. Mas sentia falta do meu amigo. Sentia muita falta. A dor que eu sentia era horrível e opressiva, como um peso alojado dentro do peito; impossível de tirar ou de fazer sentido.

Eu saí aquela noite ao ar livre, depois do funeral de Jordan, e olhei para o céu. Não sabia se acreditava ou não em vida após a morte. Toda aquela coisa de morte parecia algum tipo de experimento científico sem solução. Para onde íamos? Para onde Jordan teria ido? Como alguém pode estar aqui um dia, tão vibrante, tão real, como um ser humano — e não estar mais no dia seguinte? Essa era uma pergunta de abalar a alma; e creio que ainda seja. Decidi me sentar na grama do lado de fora da minha casa e fingir que eu ainda podia conversar com ele; que, apesar do que tinha acontecido e por quê, ele ainda pudesse ouvir as minhas palavras sem dificuldade alguma. Abri a boca, mas nada saiu. Era como se a tragédia tivesse levado tudo de mim, até a minha voz. Voltei para dentro e escrevi uma carta para ele.

Caro Jordan,

Acho que sei agora que o tempo passa por mim, mas não passa para mim. Existe um momento, quase todo dia, em que algum tipo de lembrança sua me vem à mente e exige a minha atenção. Pode ser uma música ou um filme ou uma araucária que eu veja no parque. Mas não importa que eu a esteja vendo no parque, porque primeiro a vejo no quintal da frente da sua casa e esse é o único lugar em que eu me lembrarei dela. Todas essas coisas não fazem nada que não seja abrir buracos em quem eu sou e me observar escorrendo por eles, para fora de mim mesmo. Na sua ausência, eu me vejo assombrado e vazio. Pensar no tempo que passamos juntos no passado e saber que nunca mais haverá um futuro é suficiente para estilhaçar o que resta do meu espírito; um dia inocente antes de se deparar com tamanha tragédia. Eu sinto essas coisas no meu coração — e ele dói —, mas tenho dificuldade para expressá-las. Sinto falta do meu melhor amigo. Não quero que as minhas palavras acabem como um convite à tragédia ou — até pior — um pedestal para a piedade. Só quero sentir essas coisas porque elas são o que sinto. A sua companhia era verdadeira e me foi dada sem levar em conta se eu a merecia ou não. Agora que você não está mais aqui, eu me pergunto se o mundo mereceu você.

Sua estada aqui não foi longa o suficiente. Sua graça, imensurável. Sua verdade em algum lugar incrustada no tecido da minha vida. Tenho a honra de dizer que mudei por causa da sua vida e estou horrorizado em dizer que estou mudado por causa da sua morte. Mas mesmo com todo esse desespero, ainda existe algo que não pode ser maculado pela crueldade de uma morte prematura. E isso é o fato de que você aproveitou mais o seu tempo aqui do que a maioria. Se existe algo que a sua morte me ensinou foi quanto você viveu bem. Você era uma estrela-guia para nós todos, um exemplo para muitos e um amigo para mim. Onde quer que você esteja, eu sei que está tornando esse lugar melhor só pelo fato de estar aí. Sempre foi assim. E embora as folhas caiam e os céus pareçam tristes e o vento açoite com mais força e algumas coisas mudem, eu sei que isso nunca mudará.

Eu nem podia acreditar que em vinte dias ou coisa assim seria o meu aniversário. Eu iria celebrar outro ano da minha vida, outro ano da minha existência, enquanto meu melhor amigo nunca iria poder fazer o mesmo. Ali estava eu, me tornando um adolescente, me preparando para a escola secundária, e não tinha ninguém para viver isso comigo. Meu melhor amigo estava morto e eu não tinha a menor ideia do que fazer.

Eu estava entrando na adolescência e sentia como se toda a minha vida estivesse começando a se esfacelar.

UM TOQUE PARA MIM MESMO

A vida é bela. A morte é brutal. E nada jamais poderá acabar com uma amizade verdadeira — nem mesmo a tragédia.

4
Ensino médio, hormônios e ereções

Ninguém nos leva de fato a sério quando somos adolescentes, a mais bizarra de todas as idades. É um tempo de transição atrelado a torturantes aversões por si mesmo e espinhas que brigam pelo melhor lugar na sua cara. É uma espécie de estágio intermediário, em que o corpo está traindo você e todo mundo acha que você deveria ser mais maduro do que realmente é. É tão mais fácil ser criança que adolescente! Quando você é criança, pode fazer quase qualquer coisa com a justificativa de que não sabe o que está fazendo. Como quando eu tinha 4 ou 5 anos e minha mãe estava falando no telefone e eu estava no banho e queria fazer cocô. Sem disposição para fazer o grande sacrifício de trocar o calor da banheira pela higiene pessoal, fiz o que tinha de fazer na água mesmo e "esperei para ver o que ia acontecer". Não aconteceu muita coisa, tirando o fato de que o banheiro começou a ficar com um cheiro diferente e a minha mãe precisou usar uma peneira para purificar a água, por assim dizer. Quando você é criança, compreensão é algo que você recebe praticamente às toneladas. É como se o mundo achasse uma gracinha você precisar de tanta ajuda e ter tanta dificuldade para realizar as tarefas mais simples.

"Oh, veja só! Ele não sabe comer sozinho!"

"Oh, veja só, ele não sabe tomar banho sozinho!"

Quando entra na adolescência, todo mundo espera que você de alguma forma comece a sacar as coisas, como se tivesse armazenado em segredo, no armário da sua infância, uma profusão de valiosas lições de vida. A questão sobre ser um adolescente é a seguinte: você é quase uma criancinha, do ponto de vista emocional, que acha que é adulto. Está aprisionado em um corpo que está praticamente passando por uma combustão espontânea, e no entanto as pessoas começam a falar com você como se já estivesse pronto para comprar uma casa e cultivar um jardim. É uma experiência muito estranha pela qual se passar, e tudo enquanto você está vivendo dentro do experimento científico de um corpo. Os hormônios e os julgamentos precipitados estão em rota de colisão como dois bêbados no volante, furando um farol vermelho. Os anos de adolescência são basicamente um infindável cabo de guerra interno entre o seu corpo e o seu cérebro. Seu corpo está dizendo para você fazer sexo com qualquer coisa que se mova e fale como uma garota e o seu cérebro está dizendo para você ser realista e aceitar que tem a mesma chance de ter sucesso nessa área quanto teria de ganhar o prêmio máximo em sete caça-níqueis de Las Vegas ao mesmo tempo. Seu cérebro está pronto para entrar na idade adulta, mas o seu corpo ainda está tentando fazer crescer pelos nos devidos lugares. É tudo uma grande disputa de luta livre.

O corpo: Vai lá falar com aquela garota!

O cérebro: Mas suas bolas ainda parecem duas sementes de melancia!

E por aí vai.

Mas acontecem algumas coisas boas quando você entra na adolescência. De repente, você tem muito mais liberdade e pode ir ao cinema sozinho ou ficar fora de casa por horas, para curtir a companhia dos amigos. Embora eu nunca tenha passado pela experiência de ser solto da prisão depois de passar a maior parte da vida cumprindo uma sentença por um crime que não cometi, imagino que não seja muito diferente da experiência de entrar na adolescência. Portanto você tem mais independência e, no entanto, o seu peitoral ainda está tentando encher uma camiseta e a sua voz sobe e desce de tom como num concerto de *indie rock* fajuto. A pior parte é que você não consegue se identificar com ninguém que não sejam outros adolescentes. E até isso é uma dificuldade às vezes. As pessoas mudam e crescem em ritmos diferentes. Meu amigo Justin tinha bigode no nono ano. Um bigode respeitável, do tipo de quem já compra pornografia. Eu não queria um bigode necessariamente — ou parecer com alguém que comprava pornografia —, mas ainda assim me dava um pouquinho de inveja o fato de ele poder ter um e eu não.

Eu quase não tinha pelos nas axilas e lá estava ele andando por aí como se já tivesse uma hipoteca. Então havia o meu amigo Nick, que já tinha o peito de um pequeno gorila na época em que tínhamos uns 15 anos. Meu corpo estava quase que crescendo para dentro, como se meus peitorais estivessem se dobrando um sobre o outro, e Nick tinha a compleição de um jogador de futebol americano profissional. Mais tarde ele se tornou jogador de beisebol profissional e na minha cabeça ainda é por causa do seu desenvolvimento muscular pré-adolescente.

Quase todas essas coisas pareciam muito injustas. E é disso, sobretudo, que se trata a adolescência: crescer na estranha e injusta atrocidade que é a vida e fingir que isso é divertido. Crescer significa basicamente isso. Um lance confuso, canhestro e inesquecivelmente ruim, misturado com um estado eufórico de felicidade, parecido com o barato provocado pelas drogas. E não há absolutamente ninguém que possa ajudá-lo de fato. Acho que ser adolescente é muito semelhante a ser pego pela mãe se masturbando: depois que acontece, você não quer falar sobre isso, só quer continuar vivendo a sua vida.

Portanto, se você é como eu, ninguém conversa com você sobre como é crescer. Isso meio que simplesmente acontece. E você fica tentando juntar as peças quando pode. E tudo acaba meio como um borrão, com uma forte cobertura de odor corporal.

Meu aniversário é em agosto. Setembro sempre pareceu passar a jato depois que agosto acaba. No ano em que eu ia para o ensino médio, pronto para encontrar o meu caminho até a base do totem social, foi como se eu tivesse feito aniversário, ido dormir, acordado e o verão já tivesse passado. De repente, as exigências da vida e de ir à escola ficaram todas muito reais.

Eu realmente não queria ir à escola naquele ano. Quer dizer, é provável que só uma parcela bem pequena das crianças queira ir à escola. Mas eu de fato não queria ir para o ensino médio. Uma coisa seria ir para a minha antiga escola e rever os mesmos rostos familiares e as classes pequenas e arranjar briga nos bebedouros. Mas ali não era Willows. Era o ensino médio. E o ensino médio era algo que eu supostamente iria enfrentar com Jordan. Tínhamos nos inscrito para dividir o mesmo armário. Faríamos isso juntos, e agora eu estava sozinho. Eu disse à minha mãe como me sentia e ela foi muito compreensiva. Olhando em retrospectiva, percebo que ela estava numa posição muito delicada como mãe. Isso é o que acontece quando as pessoas morrem muito cedo; ninguém sabe o que fazer.

Então, o dia 4 de setembro chegou e o ônibus parou em frente à minha casa e eu entrei. Estava usando uma camiseta polo de listras azuis e brancas, com uma mancha de tinta causada por uma caneta esferográfica. Sentado no fundo do ônibus com os fones enfiados nos ouvidos, achando que podiam ficar enfiados ali para sempre, deixei minha imaginação fazer de conta, por alguns minutos, que Jordan estava ali comigo. Na verdade, era um pensamento muito agradável. Eu mergulhava nele, me perguntando se desceria do ônibus e iria até o nosso armário e ele estaria lá. Parado ali com a jaqueta que era sua marca registrada, sorrindo, pronto para me criticar por ter acreditado que ele estava morto. Eu podia ouvir a voz dele dentro da minha cabeça, "Você acreditou *mesmo* que eu tinha morrido?! Vá se foder, cara!". Pensar nisso me fazia sorrir.

Quinze minutos depois, o ônibus parou em frente à escola e eu desci, perdido num mar de alunos e absolutamente apavorado. Segui o rebanho através das portas da frente até a secretaria, onde recebi informações sobre o meu armário e um punhado de olhares críticos dos alunos mais velhos. Eu andei rápido e em silêncio, fazendo o máximo para não ser notado, com esperança de que, se me apressasse, poderia me misturar melhor com as paredes e ficar invisível.

Oak Bay High consistia numa escola com dois prédios; cada um deles quase dez vezes maior do que o da minha antiga escola. Seus corredores eram tão abarrotados de alunos que mais parecia uma balada da moda do que uma instituição de ensino. Meu armário ficava o mais longe possível, no final de um corredor empoeirado que — ao contrário dos outros — ficava às moscas, tinha duas claraboias no teto e a frase "MINAS AVANTAJADAS GOSTAM DE PAUS AVANTAJADOS" rabiscada numa das paredes. Eu parei na frente do meu armário e forcei o cadeado para abri-lo, menos apavorado com o que iria ver quando abrisse a portinha amassada e muito mais com o que não iria ver: Jordan. Abri o armário. Estava completamente vazio, assim como eu. Jordan não ia aparecer.

Era isso. Era essa a vida agora. Eu tinha o armário inteiro para usar e a vida inteira para viver, e teria que fazer tudo isso sem o meu melhor amigo.

Consegui sobreviver a trinta e seis horas do ensino médio antes de acabar na diretoria. Todo aluno chamado na diretoria se sente meio como um criminoso num interrogatório; você começa tentando descobrir o que fez para acabar naquela enrascada. Juntei meu material na classe e fui para a sala do diretor, o tempo todo fazendo uma lista mentalmente. Tudo que me ocorria era que eu tinha jogado um caixinha de suco no chão porque não tinha conseguido encontrar uma lata de lixo... e roubado um livro da minha irmã. Supus que provavelmente iria me safar do roubo literário, mas ter jogado lixo no chão me preocupava. Eu me perguntava se no ensino médio eles teriam câmeras por todo lado, como naquele livro *1984*, e visto tudo acontecer. Eu estava nervoso com a coisa toda, mas também estranhamente grato por ter sido por um instante distraído da minha tristeza e obrigado a me concentrar numa preocupação ocasional. Era um alívio bem-vindo.

Fui até a sala da diretoria e me apresentei à senhora de sessenta e poucos anos atrás da escrivaninha. Ela estava usando fones de ouvido com um microfone e parecia ter uns duzentos post-its colados na mesa, numa mostra artística de desorganização.

"Oi. Me disseram para vir aqui."

"Quem é você?", ela perguntou sem fazer contato visual ou usar um tom que poderia ser descrito como amigável ou gentil.

"Kevin."

"Você tem sobrenome, Kevin?"

"Sim, Breel."

"Ah! Kevin BREEL!", gritou numa voz esganiçada, como se fôssemos amigos de longa data. "Certo. Aqui está."

Ela me passou um envelope. Eu o peguei e abri. Pouco à vontade com a mudança dela, de oficial ditadora para aliada amigável, eu estava quase com medo de ver o que ela tinha me dado. Dentro havia um bilhetinho escrito à mão dizendo para eu ir até o auditório aquela tarde. O bilhete não tinha assinatura, nem identificação e era completamente enervante. Que eu soubesse, e até aquele momento para meu alívio, ninguém ali sabia que eu existia. Apavorado demais para perguntar quem tinha me enviado o bilhete, saí às pressas da sala. O ensino médio teria um início de fato bizarro.

O AUDITÓRIO DA OAK BAY HIGH SCHOOL era uma desculpa pobre para um teatro. As poltroninhas vermelhas ofereciam menos apoio para a coluna que um monociclo e o palco estava lascado e decadente, depois de anos de aulas de improviso e recitais de dança vagabundos e negligência em geral. Eu me dirigi às portas dos fundos e fiquei ao mesmo tempo surpreso e aliviado ao ver que estava atrasado. Embora a sala estivesse mal iluminada, pude perceber que mais da metade dos assentos estava desocupada e a maioria das pessoas estava sozinha, impaciente na cadeira, olhando para o chão, exalando nervosismo e neurose. No palco, um homenzinho com um corte militar ou um princípio de calvície, braços musculosos e um forte sotaque australiano andava de um lado para o outro e falava. O nome dele era Allen York e parecia ser conselheiro orientacional em tempo integral. Encontrei um assento vazio nos fundos, usei minha mochila como travesseiro e a penumbra como uma oportunidade para ficar no anonimato, caso decidisse ceder à vontade de tirar uma soneca. Eu estava muito cansado e ainda não sabia por que tinham me mandado para lá; mais do que tudo, eu só queria ir para casa.

O bom é que eu já tinha percebido que no ensino médio ninguém fica de olho em você. Você pode simplesmente ir embora na hora que quiser ou pelo menos era o que eu pensava na época. O ponto de ônibus era bem em frente à escola e eu podia pegar o ônibus e ir para casa quando sentisse vontade. Você não pode fazer isso no fundamental. Sua professora ligaria para a sua mãe e a sua mãe ligaria para você e você acabaria sendo obrigado a se desculpar toda hora sem saber por que precisava ficar se desculpando. Eu gostei de saber que aquela escola secundária parecia não ter muito controle sobre os alunos. Um dos meus professores nem sequer fazia chamada. Aquilo tudo era o paraíso para pessoas como eu, que só queriam se esgueirar pelas rachaduras do sistema, sem ser notado nem incomodado.

Allen York continuava falando no palco e eu continuava não ouvindo. Mas o cara era insistente, isso eu tenho que admitir. Ele não era dado a pregações morais ou espalhafatoso como a maioria dos professores quando pega um microfone; na verdade, era o oposto disso. Suas palavras eram amáveis e seu rosto, marcado pela idade e, pelo que eu supus, sabedoria. Ele se movia quase o tempo todo e fazia contato visual intenso com a plateia, como se o mundo todo dependesse da sua capacidade de prender a atenção de todos aqueles adolescentes. À certa altura, começou a falar de assuntos mais sérios. Disse que nenhum de nós conseguiria seguir em frente se tivesse alguma dor no coração. Falou daquilo com um entusiasmo verdadeiro e disse que não havia nada de errado em sofrer e ter problemas.

"Vocês podem estar sofrendo. Todos nós passamos por isso um dia. Mas nem todos conseguimos alguém que nos ajude."

Ele incentivou todos ali que estavam passando por alguma dificuldade a procurá-lo e conversar com ele. Por uma fração de segundo, eu me perguntei por que tinham solicitado que eu fosse até ali. Olhei em volta e vi que a sala, nem com a metade da lotação máxima, abrigava algumas personalidades bem marcadas. Cada adolescente ali representava um estereótipo ruim. Havia um skatista todo vestido de preto, com letras de música escritas à mão com corretivo na camiseta e tantos buracos no jeans que você podia — querendo ou não — ver metade da sua virilha. Havia uma garota gótica com uma faixa preta de uns cinco centímetros nas pálpebras, feita com sombra ou lápis de olho, e seis *piercings* só no rosto. Havia fumantes e membros de gangues e uma garota usando um gorro de lã e botas com cavilhas na lateral. Me perguntei se aquela seria uma reunião de gente ferrada na vida. Antes de começar a sentir raiva e culpa por associação, a voz de Allen York chamou a minha atenção outra vez. Ele estava falando mais da importância de "se pedir ajuda" e se certificando de que todos nós soubéssemos que "éramos bem-vindos" no escritório dele.

Costumo ter vontade de estrangular os adultos que fazem o tipo "Estou aqui para ajudar vocês, garotos", mas alguma coisa em Allen era diferente. Ele parecia de fato interessado em ajudar. Justo quando uma pequenina parte de mim estava começando a se abrir para ele, o sinal tocou e as luzes se acenderam novamente e a palestra acabou. Os alunos fizeram fila para seguir para a próxima aula — ou encontrar sua gangue, dependendo dos horários das suas aulas — e eu decidi sair pelas portas da frente e ir para casa. Mesmo com todas aquelas coisas ruins que estavam acontecendo — a falta que Jordan fazia, o início das aulas numa nova escola, ainda ser magricela — era bom poder fazer aquilo. Pensei em quanto Jordan teria adorado. Senti as lágrimas começando a aflorar e, como um cachorro bem treinado para afugentar intrusos, afastei o pensamento da minha mente.

Fui para casa, peguei um copo de leite, me deitei no sofá, tentei assistir TV, fiquei entediado, bebi mais leite e depois decidi que precisava fazer alguma coisa. O clima em Victoria em setembro não é muito diferente do clima em Victoria em julho, por isso achei que poderia muito bem sair ao ar livre e aproveitar o resto do dia. Coloquei um short e uma camiseta, peguei uma bola de basquete no meu quarto e fui para o Maynard Park. Fiquei por ali durante uns dez minutos mais ou menos. Prefiro jogar basquete quando não está tão quente. Não gosto de ver a minha própria sombra na quadra. Sei que é uma coisa esquisita ter aversão a isso, mas é verdade. Se eu consigo ver a minha sobra na quadra, isso significa que o sol ainda está forte e o clima está quente demais para mim. E eu podia ver a minha sombra nesse dia. Por isso depois de dez minutos decidi parar e ir para casa. Justamente quando estava deixando a quadra, vi pelo canto do olho alguém passeando com dois cães gigantescos, de olhar intimidante. O tipo de cachorro com cara de quem devia estar procurando drogas ou protegendo alguém das drogas. Embora eu estivesse a uma distância segura, eles pareciam capazes de me despedaçar em meio minuto se precisassem e até apreciar a experiência. Um dos meus maiores medos sempre foi ser atacado por um cão. Eu posso me imaginar no chão, rolando com os braços protegendo meu corpo, me contorcendo e gritando "O SACO NÃO! O SACO NÃO!". Distraído com meu devaneio, não percebi quem estava passeando com os cachorros. Era o mesmo homem que eu tinha visto no palco aquele dia, Allen York. Mal pude acreditar. Eu ali escapulindo das aulas e ele, escapulindo do trabalho. Que ironia! Eu estava prestes a seguir em frente, mas algo na situação me fez tomar coragem e ir até onde ele estava. Embora eu esperasse que meu cérebro rejeitasse a ideia, ele não fez isso.

"Ei, você não é Allen York?"

"Sim, eu mesmo. E você, quem é?" Quase esperei ele dizer "meu chapa" no final da frase. Seu sotaque australiano era ainda mais forte agora, temperando cada uma das sílabas.

"Sou Kevin Breel."

"Kevin Breel! Ah! Uau! Mas que mundo pequeno! Você é o primeiro da minha lista amanhã."

"Sua lista?"

"Sim, eu..." A voz dele começou a enfraquecer, como se estivesse pensando em mais coisas do que poderia dizer. Fez uma pausa, engoliu em seco e começou outra vez. "Você era bem próximo de Jordan McGregor, não era?"

"Sim. Como sabe?"

"Porque passamos o verão todo tentando identificar os alunos que eram amigos dele e estão na nossa escola agora. O seu nome foi o mais citado. Vocês devem ter sido muito amigos."

"É. A gente era." Falar de Jordan no pretérito era um ajuste difícil para mim. Fazia com que eu me sentisse rude, como se as palavras corrompessem a minha alma antes que pudessem chegar à minha boca.

"Bem, a escola tem uma norma rigorosa para garantir que alunos que perderam alguém muito próximo recebam o aconselhamento apropriado. Então você está no topo da minha lista de amanhã. Vou te dar um toque amanhã na sala de aula e você pode ir ao meu escritório para conversarmos."

"Hum... Acho que tudo bem. Quer dizer..."

"Só apareça amanhã. Vamos sentar e conversar. Ok?"

"Claro." Quando a palavra saiu da minha boca, nem pude acreditar. Ela saiu com relutância e sem nenhuma inclinação para um verdadeiro entusiasmo, mas saiu assim mesmo. O mero ato de concordar fez com que eu me sentisse envergonhado e perplexo.

A PRIMEIRA HORA QUE PASSEI com o dr. York foi amistosa e agradável. Ele estava interessado em mim — não do jeito falso e fingido que a maioria dos adultos demonstra, mas de um jeito autêntico. Conversamos sem nenhuma dificuldade. Até rimos às vezes. Mais, eu perdi as aulas. Essa parte me pareceu absolutamente incrível. Saí de lá achando que talvez todo aquele lance de aconselhamento não fosse tão ruim assim.

Depois disso, ficamos de nos encontrar uma vez por semana no escritório dele, com vista para o estacionamento e um chorão gigantesco que tirava quase toda a visão dos carros. O escritório era pequeno e abarrotado e parecia que alguém tinha colocado milhares de pedaços de papel sobre a escrivaninha dele e depois soprado com toda a força. Era uma zona de guerra, lotada de bilhetinhos e post-its.

"Como estão as aulas? E na sua casa? E com você?", ele costumava ficar perguntando. A preocupação dele comigo era tão verdadeira e profunda que me deixava desconfortável. Eu preferia ignorar um cuidado assim. Mais do que qualquer outra coisa, eu preferia ignorar meus próprios sentimentos; por isso evitava falar de mim mesmo sempre que possível. Mas Allen continuava tentando me incentivar, mas nem com muita insistência nem com delicadeza demais. Só mostrando que se importava e estava ali para me apoiar, se eu decidisse sair da minha dura concha de controle emocional e franqueza cautelosa, algo que eu confundia com segurança. Por mais que suas perguntas me deixassem nervoso, sua preocupação era reconfortante. Quando Jordan morreu, eu senti como se tudo que eu conhecesse tivesse sido arrancado de mim. Eu não só tinha perdido meu melhor amigo, como a minha segunda família. Jim e Jordan eram minha casa fora de casa. Eu morava com mulheres e aqueles eram os dois caras que me entendiam. Eles me adotaram. E agora isso tinha sido tirado de mim. Eu me sentia sozinho e invisível. Na falta de outra coisa, o sr. York fez com que eu me sentisse visto outra vez.

Na metade do ano letivo, comecei a afundar num profundo desespero. A verdade é que meu coração doía com a falta que sentia de Jordan. Eu tinha passado tanto tempo tentando seguir em frente que não tinha nem assimilado todo o peso da morte dele. Em algum momento do inverno, a desolação começou a sangrar por todos os cantos da minha vida, como tinta vermelha numa tela branca. Eu era uma combinação destrutiva de raiva e tristeza. O sr. York continuava me pedindo para ir vê-lo e eu continuava fugindo das sessões. Quando senti que o mundo estava prestes a me engolir, o último lugar em que eu queria estar era naquele escritoriozinho minúsculo e abarrotado dele, com os joelhos encostados no peito e expondo meu coração a qualquer um que quisesse vê-lo. Então passei a cabular aula com uma frequência cada vez maior, deixando até mesmo de ir nos encontros com o sr. York, e me escondendo no pequeno refúgio do meu quarto.

As coisas foram ficando cada vez piores. Por mais que eu pensasse que no ensino médio não se preocupavam em saber onde você estava — nem se davam ao trabalho de descobrir —, ficou claro que isso não era verdade. Eu era uma das responsabilidades de Allen agora. Por causa disso, a escola estava ligando para a minha casa e deixando recados para a minha mãe. Portanto, num esforço para driblar o sistema, eu costumava ir para casa e esperar que a mensagem automatizada da escola ligasse para casa e avisasse minha mãe que eu tinha faltado à aula. Eu deixava o telefone tocar e depois deletava a mensagem e apagava o número do telefone da escola dos registros. Eu fazia tudo direitinho. Tinha encontrado as rachaduras do sistema e estava satisfeito comigo mesmo por ser capaz de passar através delas.

Infelizmente, ou felizmente, o sr. York não estava tão satisfeito comigo quanto eu mesmo. Ele tinha dedicado a sua vida a ajudar crianças e não iria mudar isso por minha causa. Sempre alguns passos à minha frente, ele começou a ligar para a minha casa também. Portanto, agora eu tinha que deletar dois registros telefônicos e dois recados por dia. Era como um emprego de meio período. Além disso, o salário era uma bosta. Mas funcionou por um tempo. E então, uma tarde, enquanto o frio chegava e se instalava dentro da minha casa, ouvi a mensagem que o dr. York tinha deixado na secretária eletrônica da minha casa.

"*Olá, aqui é Allen York. Esta mensagem é para Kevin. Você perdeu nossa sessão hoje. Mas não é por isso que estou ligando. Estou ligando porque não vejo você faz um tempo e espero que esteja tudo bem. Sei que você não tem aparecido nas aulas. Tudo bem. Mas eu preciso que você me diga como você vai indo. Você precisa me dizer como está. Então me ligue ou eu vou aparecer na sua casa. Você precisa me avisar se está bem. No final do dia, ok? Obrigado.*"

Essa mensagem acabou comigo. Toda aquela parte de mim que se achava desvalorizado e rejeitado se desvaneceu com a preocupação dele e, por mais piegas que pareça, com o amor que ele demostrou naquele momento. Foi uma mudança estranha mas sensacional do frequente sentimento de ser alguém defeituoso e imperfeito. Eu sei agora que essa foi a maior dádiva que recebi no momento em que mais precisava. Mas na ocasião só pensei que tinha de retornar a ligação dele. Eu fiz isso e falamos ao telefone por volta de trinta minutos. Prometi que iria até o escritório dele na semana seguinte e conversaríamos. Ele me estimulou, como sempre fazia, e eu coloquei o telefone no gancho com um estranho sentimento dentro do peito: esperança.

AGORA QUE EU ESTAVA DE VOLTA ao aconselhamento, as coisas começaram a melhorar. O sr. York me enchia de conversas estimulantes todos os dias, me dizendo que as coisas iriam melhorar e me desafiando a fazer com quem melhorassem.

"Você não vai superar essa dificuldade passando *por cima* dela", ele dizia. "Só vai superá-la se passar *através* dela", ele me lembrava, com seu sotaque australiano destacando cada sílaba, fazendo de alguma forma com que suas palavras soassem mais sábias. Ele de fato era um homem incrível, um exemplo ao mesmo tempo de força e de gentileza. Ele era um orientador amável e uma bombástica voz da verdade. E eu estava longe de ser um adolescente fácil de se lidar. Muitas vezes eu me enfurecia com ele, desafiando sua perspectiva com relação a tudo que era importante e xingando-o por causa dos seus "suéteres idiotas de cashmere". Mas na verdade eu não tinha nada além de gratidão por ele. É só que meu jeito de demonstrar isso vinha muitas vezes recoberto de raiva.

Ele nunca levava minhas palavras para o lado pessoal, embora eu não saiba muito bem como. E eu, claro, conseguia encontrar um jeito de considerar sua neutralidade uma ofensa. Uma tarde, quando as lágrimas caíam dos meus olhos e palavras que eu não tinha intenção de dizer escapavam da minha boca, eu disse que ele devia pegar seus diplomas e enfiar no rabo. Ou algo tão poético quanto isso.

"Você não sabe de nada! Você foi para a escola e leu um livro! EU ESTOU VIVENDO ISSO! Não entende? ESTA É A MINHA VIDA! Eu tenho que acordar todas as manhãs e ser eu mesmo. E você não. Não sacou ainda?", eu gritava para ele, parecendo muito menos convincente ao dizer aquilo em voz alta do que tinha imaginado na minha cabeça.

O sr. York fazia uma pausa, sorria e girava sua cadeira, depois fechava as persianas. Eu achava que ele estava prestes a arregaçar as mangas da camisa e me socar na boca. Eu tinha vergonha de mim mesmo. Em vez disso, ele se inclinava para a frente na cadeira, descansava os cotovelos nos joelhos e me olhava no fundo dos olhos, para ter certeza de que eu não deixaria de ouvir uma palavra do que ele ia dizer, do mesmo jeito que fez no primeiro dia em que eu o vi no auditório.

"Kevin, quer saber de uma coisa? Eu fui criado na Austrália. Jogava rúgbi. Era um garoto muito competitivo e agressivo. Muito mais difícil que você, na verdade. Achava que a minha vida já estava toda esquematizada." Ele falava devagar, deixando minha respiração voltar ao normal e minhas lágrimas se reduzirem de uma cachoeira para uma garoa fina.

"No entanto, eu não tinha nada esquematizado. Fugi de casa e comecei a consumir drogas. Não drogas leves, mas coisas da pesada, do tipo que você precisa aplicar com agulhas." Ele continuava a manter aquele contato visual intenso, como se quisesse ver minhas pupilas se dilatando de puro choque ao ouvir o que saía da boca dessa pessoa que para mim mais parecia o exemplo vivo de escolhas entediantes e conservadoras na vida.

"Quer ver uma coisa? Vou te mostrar." Ele tirou o suéter de cashmere roxo que delineava seus ombros musculosos. Meu conselheiro sexagenário de cabelos grisalhos estava aparentemente tirando a roupa. Com certeza não era desse jeito que as terapias eram retratadas nos filmes. Ele girou a cadeira para ficar de costas para mim.

"Está vendo isso?", ele perguntou.

Eu mal podia acreditar no que estava vendo. Cicatrizes, ao longo de todas as suas costas, algumas delas com uns trinta centímetros de comprimento. Dava até para ver onde antes havia pontos: padrões longos, cruzados, feios e ásperos.

"Estou vendo", respondi cheio de humildade, assentindo com a cabeça.

"Sabe do que são? Da faca de um traficante. Eu entrei numa briga com ele por causa de dez pedras de craque que ele me roubou. Nos fundos de um beco. Ele me esfaqueou nas costas e me deixou lá pra morrer. Eu morava nas ruas e esse é o tipo de gente com que você tem de lidar todo dia. Eu não tenho esses diplomas na parede porque sou um exemplo de perfeição, Kevin. Eu os consegui porque sou o oposto disso. Sou imperfeito. Assim como você. Assim como todo mundo por aqui. Como o mundo todo."

"Eu sei o que é estar fodido na vida. E é por isso que quero ajudar você. No meu modo de ver, você tem duas escolhas. A primeira? Continuar fazendo o que está fazendo. Você continua vindo para a escola, continua conversando comigo. Continua fazendo a sua parte e me dizendo o que lhe vai no coração, e eu vou me esforçar ao máximo para ajudar você. A segunda? Você pode não aparecer mais. Pode continuar cabulando aula. Ficando em casa. Mergulhando cada vez mais fundo nesse seu mundinho sombrio e vivendo lá. Tudo bem.

Eu vou continuar indo com a minha picape até a sua casa, batendo na porta e arrastando você para fora do quarto. Posso ser mais velho, mas ainda sou muito mais forte do que você, cara. De qualquer maneira, nosso tempo acabou por hoje."

E depois de dizer isso ele vestiu o suéter de cashmere outra vez, voltou a abrir as persianas e me deixou sair do seu escritório.

Eu fiquei confuso, admirado, pela primeira vez confiante de que ao meu lado estava um homem que se importava comigo... talvez até mais do que eu estava disposto a me importar comigo mesmo.

Eu gostaria que a próxima parte dessa história fosse para contar que, dali em diante, eu apareci no aconselhamento todos os dias e melhorei. Gostaria de poder contar como deixei que Allen York falasse a verdade sobre a minha vida e que ele me fez mudar para melhor. Que eu dancei em direção ao por do sol com um otimismo transbordante. Mas em vez disso fiz o que qualquer garoto que foi chutado, rejeitado, ferido e abandonado faz: eu afastei o sr. York. As sessões estavam simplesmente ficando difíceis demais e sua preocupação obstinada era um fardo muito pesado para eu carregar. Algumas semanas depois da sua preleção sem camisa, começou a pedir que eu escrevesse o que estava sentindo e trouxesse para ele. Disse que havia coisas que às vezes nem sabíamos que existiam dentro de nós até que as expressássemos. Achei essa ideia absolutamente idiota e não fiz nenhum caso dela. Mas minha irmã descobriu isso — graças à minha grande boca, linguaruda e sem nenhum filtro —, e me presenteou com um diário com capa de couro marrom. Ela não ficava muito em casa e gostava de me encher o saco quando estava, mas lá no fundo era a garota mais incrível que já conheci, com um coração maior do que a nossa casa.

Eu peguei o diário e tentei escrever ali durante uma semana. No final de sete dias, tinha quatro páginas, a maioria com trechos riscados, e o desenho de uma montanha, que mais parecia um rabisco feito por uma criança de 5 anos de idade do que uma força protuberante da natureza. Eu estava de saco cheio e disse isso ao sr. York. Ele disse algo sobre ter paciência e ser persistente. Eu ouvi: "Pare de ser um idiota preguiçoso!" Qualquer que tenha sido o conselho dele, funcionou.

Ele me convenceu. Tomei o ônibus, fui para casa e comecei a escrever.

Alguns dias depois, apareci no escritório dele e lhe passei um maço de papéis meio amassados e fora de ordem, com o rascunho do primeiro poema que fiz na vida. Coloquei-o sobre a escrivaninha dele e saí do escritório.

O poema era assim:

Estou no meio de uma estrada
Procurando o meu destino
Mas ele ainda não existe
Ou talvez

Eu só esteja olhando para o lado errado
Ouço as pessoas dizendo que me amam
Espero que não estejam mentindo
Porque é muito solitário aqui
E eu preciso me sentir inteiro
Então, por favor, só olhe para mim e sorria
E não me pergunte o que encerra a minha alma
Porque ela está cheia de buracos
Isso tudo parece muito melhor quando me espiam
   pela janela
Não gosto de estar do lado de dentro de todo esse vidro
Mas fui eu que entrei na sala
Mas
espero que logo fique tudo escuro
Eu não ligo mais para as luzes
Não desejo mais claridade
Eu me sinto melhor sozinho no escuro
E isso é tão novo
Esse coração torturado, sombrio e enegrecido
Na verdade, é assim que tenho sido desde o início

O sr. York leu o poema e no mesmo instante ligou para a minha mãe. Ele fez uma reunião com nós três, algo que nunca tinha acontecido antes, e eu passei a maior parte do tempo olhando para o chão. No final ele me pediu que saísse da sala, para que pudesse falar em particular com a minha mãe. Depois ela me disse que ele achava que eu estava com depressão profunda, até mesmo suicida. Ele perguntou se ela achava que eu gostaria de estar com Jordan.

Ela chorou e fez que sim com a cabeça.

O sr. York me pediu para voltar à sua sala e disse que gostaria de me ver três vezes por semana, que precisaríamos dobrar os nossos esforços, trabalhar com três vezes mais empenho e consertar as coisas enquanto ainda era possível.

Em vez disso, eu preenchi os papéis para mudar de escola no dia seguinte.

UM TOQUE PARA MIM MESMO

Bons conselhos são difíceis de encontrar e mais difíceis ainda de seguir. Aceite-os de qualquer maneira. Um dia você vai acordar e desejar que tivesse feito isso antes.

5
Corra, deixe que esmaguem seu coração

Depois de mudar de escola mais uma vez, começou a me ocorrer que Allen tinha razão em algumas coisas que disse: eu definitivamente me sentia solitário. Em comparação com o meu relacionamento com Jordan, todas as minhas outras amizades pareciam falsas, como se eu estivesse forçando algo que queria que fosse verdade, mas não era. Se antes eu podia contar com o companheirismo solidário e único de Jordan, agora eu me sentia julgado, avaliado e mal compreendido. As pessoas não me entendiam, nem compreendiam as minhas histórias, minhas inseguranças e minhas piadas. Era como se elas fossem simples espelhos para me lembrar do grande amigo que eu tinha perdido, e eu as odiava por isso. Eu sabia que isso era muito injusto — rude até —, mas não fazia questão de mudar. Jordan tinha se tornado a régua pela qual eu media todos os meus relacionamentos e nenhum chegava nem perto de significar o que ele tinha significado para mim. Minha reação a isso era em parte autodefesa e em parte autossabotagem; afastei da minha vida todo mundo que um dia tinha sido próximo.

    Passava cada vez mais tempo sozinho. Não deixava que ninguém soubesse o que eu sentia e até me esforçava para disfarçar que sentia alguma coisa. Mas por mais que tivesse resistido, me ressentido e rejeitado tanto os conselhos de Allen, tinha que admitir que eles estavam começando a fazer sentido. Eu estava desesperadamente sozinho e sendo aos poucos sufocado pela minha própria solidão. Meu coração doía com a perda de Jordan e, a cada dia que eu passava sozinho, as paredes de isolamento à minha volta pareciam um pouco mais grossas. Meu jeito de lidar com isso era fugir de tudo que me feria, mesmo que fugisse na direção de algo muito pior do que aquilo de que eu estava querendo me afastar. Mas esse era o único jeito que eu conhecia para lidar com os meus problemas. Jordan tinha me deixado, então eu estava deixando todo mundo e todas as coisas que faziam eu me sentir para baixo. Por algum motivo, pensava que conseguiria consertar o que estava errado em mim destruindo todo o resto.

    Então fui para uma nova escola secundária. Minha mãe apoiou minha decisão e eu fiquei grato por isso. Embora ela fosse a favor das minhas conversar com o sr. York, também entendia que o cenário de Oak Bay era sufocante. Estar todos os dias perto de um grupo de adolescentes que me lembravam Jordan — ou melhor a ausência de Jordan — fazia com que eu me sentisse como uma bolinha de fliperama: o tempo todo colidindo com lembranças dolorosas.

Como escola secundária, Lambrick Park só podia ser descrita como desconfortável. Os corredores eram estreitos e apertados e a quadra empoeirada e velha; além disso, havia uma garota para cada doze garotos. Sério. A testosterona era tão palpável que você quase podia sentir o gosto dela. E ela tinha um gosto horrível: uma mistura de medo e puberdade.

Apesar do desequilíbrio no número de alunos de cada gênero e da relativa novidade que era a escola, eu estava determinado a encontrar alguém de quem gostar. Com relutância, comecei a perceber que as palavras do sr. York tinham um fundo de verdade: eu precisava de outras pessoas na minha vida. E agora, cheio de hormônios e louco de vontade de fazer sexo, eu queria encontrar um amor. Isso é muita esperança para alguém como eu, que se sentia socialmente desajustado.

Eu só ESTAVA CERTO DE UMA COISA: as garotas confundem a gente. Confundem de um modo profundo e horrível! Eu tinha adotado a crença muito astuta de que toda mulher saía do útero com um manual nas mãos intitulado: *Como Ferrar com os Homens: Um Guia Prático*. Quer dizer, a maioria dos caras — principalmente os que passavam pela adolescência — já é confusa por si só, por isso essa tarefa quase nunca é tão difícil. Mas as garotas se esforçam ao máximo para torná-la difícil, como se fossem geneticamente programadas para isso.

Num dado momento do ensino médio, eu me sentia enganado, desorientado e em geral iludido por não menos do que trinta e três garotas ao mesmo tempo. Claro que não mais do que cinco dessas garotas de fato "sabiam da minha existência", mas eu não deixava esse obstáculo insignificante me fazer desistir da ideia de que eu estava perseguindo de perto todas elas. Por experiência própria, posso dizer que as garotas vão frustrar você na mesma medida que você as idolatra. Agora sem rodeios: qualquer garota que você puser num pedestal vai usar esse pedestal para conseguir uma posição melhor de onde saltar e esmagar o seu coração. Tudo bem, pode não ser tão ruim assim. Mas provavelmente é quase isso. As garotas do colegial sabem disso; elas quase se orgulham disso. Embora você possa argumentar, dizendo que esses joguinhos mentais são só resultado dos hormônios em ebulição, acho que é muito mais do que isso. É primitivo, como um tipo de rito de passagem. Elas estão descobrindo o poder que têm, testando seus limites cada vez mais. Muitas vezes me perguntei se elas se reuniam em encontros improvisados, em que percorriam a sala contando uma história da semana. "Então eu disse a ele…", "Você só vai sair comigo se concordar em ficar atrás de mim por mais seis meses, sem nenhum contato sexual ou reconhecimento social de nenhuma espécie e…" Se houver alguma adolescente em algum lugar do mundo que não tenha feito você se sentir um lixo por ter uma quedinha por ela, eu com certeza nunca a conheci. Mesmo que goste de você, ela vai dar um jeito de fazer isso.

Gostaria de deixar bem claro que não estou dizendo que as mulheres são cruéis. Não acho que elas sejam cruéis, em hipótese alguma. Na verdade, muito pelo contrário. A maioria das mulheres é gentil e compassiva, e transborda empatia. Mas não estamos falando de mulheres aqui. Estamos falando de uma classe totalmente à parte da espécie feminina. Estamos falando de garotas adolescentes; e garotas adolescentes são tão parecidas com as mulheres quanto água e gasolina. Garotas adolescentes têm uma bússola apontada para as suas mais profundas inseguranças e também não têm medo de contar a todo mundo onde elas estão.

Mas os garotos também podem ser tão cruéis quanto as garotas; é só que, se eles forem como eu, isso muitas vezes acontece sem que eles saibam. Eu ia para a escola fundamental com uma garota chamada Simone. Ela era realmente alta — mais alta do que eu, na realidade, o que despertava uma estranha combinação de embaraço e assombro —, magra e de fato muito bonita para alguém que tinha 12 anos e um corpo em que todas as partes estavam em processo de mudança. Ela tinha cabelos castanho-escuros e uma pele azeitonada e ia para a escola num carro conversível. Eu nunca tinha visto um carro assim antes e portanto concluí que a vida dela fora da escola era provavelmente algo muito próximo de um filme de ação. Simone tinha uma personalidade alegre que transbordava por todos os poros; ela estava sempre meio rindo quando falava ou sorria.

Dizia para todo mundo que ia ser modelo e, para a surpresa de todos, ela de fato se tornou modelo. Mais surpreendente ainda era que ela tinha a audácia de ter uma queda por mim e ser muito amável com relação à coisa toda. Eu descobri que Simone gostava de mim através de uma amiga dela, Olívia, que também era muito bonita, mas tinha uma queda pelo meu amigo Aden, que, para mérito dele, parecia mais interessado em ganhar a aprovação de uma mosca do que de uma mulher. Então Olívia me disse que Simone gostava de mim e eu fiz o que pensava que era um romance: fingi que não estava interessado, quando na verdade estava muito interessado.

Levei quase uma semana para processar a ideia de que alguém do sexo oposto tinha um sentimento por mim que não era repulsa absoluta. Todos os dias, depois disso, pensei numa maneira de ficar com Simone. Obviamente, eu não precisava pensar em razões para ficar com uma garota que já gostava de mim. Mas eu não sabia disso na ocasião; o pensamento racional quase nunca habita a mente de um garoto.

Simone e eu ficávamos conversando nos fundos da sala do sr. Walker e eu me lembro de sempre ter uma sensação no estômago parecida com a que se tem quando o carrinho de uma montanha-russa começa sua descida vertiginosa e você sente que vai sujar as calças ou vomitar em cima da pessoa na sua frente. Um dia consegui perguntar se ela queria jogar basquete comigo, porque eu sou um cara e sou um imbecil. Eu não sabia que não existe uma só garota neste planeta que queira jogar uma bola suja dentro de um aro de metal para estreitar seus laços com um garoto que ela gosta. Por algum motivo, apesar disso, ela concordou e por um segundo fiquei eletrizado e depois aterrorizado pelo resto do dia. Durante toda a tarde, com a mistura de expectativa e ansiedade causada pela espera, eu me senti como que se tivesse me jogado dentro de um poço de medo com nenhuma saída visível que não fosse gritar: "EU DISSE A VOCÊS, CARAS, QUE EU NÃO IA CONSEGUIR FAZER ESSA MERDA!"

Por fim, bem quando as minhas artérias estavam a ponto de explodir, o sinal tocou e as aulas terminaram e Simone e eu fomos jogar basquete. Errei quase todas as cestas e perdi pelo menos três chances de beijá-la. Depois de mais ou menos uma hora, a mãe dela chegou para buscá-la. Eu observei da quadra enquanto ela levava Simone e a minha autoestima junto. Contei tudo isso, num estilo confessional, aos meus amigos Chris e Brandon, e eles me disseram que eu tinha feito a coisa certa. Chris, especificamente, disse que Simone era vulgar e me disse para — citando as palavras dele — "não tocar na barba dela".

Quero salientar que Chris também ficava de quatro por causa de Simone. Eu, no entanto, não sabia. E não sabia por que Chris ficava o tempo todo tentando humilhar Simone. Ele dizia que ela tinha pelo na cara e pomo de adão. Eu nunca entendi isso, porque nenhum de nós, garotos, já tinha barba e/ou um traço visível de pomo de adão, um muito desejado símbolo de masculinidade para qualquer adolescente. Na minha maneira de ver, se Simone de fato tivesse barba, seria muito mais humilhante para nós todos do que para ela. Mas Chris nunca parava de dizer isso.

"Eiiiiii, Simoneeeee! Sua barba está cresceeeeeendoooo!"

Isso acabou ficando na cabeça. Acho que, se você repete uma coisa várias e várias vezes, as pessoas passam a achar que você tem certa razão em dizer isso. O que eu não percebi na época é que um adolescente que mostra desdém por uma garota está na verdade simplesmente confessando seu amor inconsciente por ela. É como se na mente de todo garoto, o caminho mais rápido para ganhar uma garota fosse fazê-la se sentir um lixo, como se as lágrimas dela começassem de algum modo a servir como um lubrificante natural para o amor.

Sem saber que Chris estava secretamente apaixonado pela mesma garota que eu, deixei que seus comentários me influenciassem e comecei a achar que não deveria gostar de Simone. Afinal de contas, parecia que todo mundo achava que ela era uma espécie de aberração e eu não queria ficar à margem, segurando meu coração numa mão e a humilhação social na outra. Então parei de conversar com Simone e me deixei dissuadir de tentar ganhá-la pelo cara que queria ganhá-la. Era um triângulo amoroso perfeito, uma combinação devastadora de constrangimento, desonestidade e hormônios em ebulição.

Mas voltemos ao ensino médio.

Era meu primeiro ano e eu estava convencido de que já tinha tudo planejado na minha cabeça. Iria usar um smoking e levar uma garota ao baile. Iriamos dançar e abrir uma garrafa de champanhe — não para beber, mas só para ver a rolha voar — e eu perderia minha virgindade no meio de um campo, que apesar da sua natureza aparentemente agreste, seria ao mesmo tempo confortável e privativo. A lua brilharia sobre nós e sussurraríamos um para o outro, dizendo que ficaríamos juntos para sempre e todos os nossos momentos seriam maravilhosos como aquele. Eu podia ser jovem, mas a minha ideia de como era um relacionamento de verdade era genial.

Foi na época em que eu estava adentrando nas águas desconhecidas da minha nova escola secundária que conheci Vanessa. Ela era pequena, tinha pele bronzeada e longos cabelos ondulados, além de vocação para fazer eu me sentir uma montanha-russa emocional. Olhando em retrospectiva, agora vejo que na vida dela faltava muita estabilidade e ela provavelmente gostava de saber que uma coisa era estável: que ela podia se apoderar do meu coração, pisar e cuspir nele, sem muita discussão da minha parte. Acho que foi por causa disso que a coisa deu no que deu. Infelizmente, você não sabe esse tipo de coisa quando tem 14 anos. E mesmo que soubesse, isso não contribuiria muito para conter o circo que já estava sendo armado sob as minhas calças. Portanto o mais provável é que você se machucasse de qualquer maneira. Vanessa me ensinou que todas as garotas eram complicadas e tinham uma série de regras.

A maior regra de Vanessa era que ela nunca começava uma conversa com você. Eu realmente gostaria de estar inventando tudo isso, porque teria me poupado muitos momentos de vergonha. Ela falava com todas as letras, na sua cara — sem nem piscar e sem nenhum traço de sentimento — que não iniciaria uma conversa com você. A maneira como dizia isso fazia com que parecesse normal, o que já era uma incrível habilidade por si só. Mesmo que ela gostasse de você, nunca começava a conversa. Principalmente se gostasse de você, na verdade. E é claro que por conversar quero dizer na verdade "teclar". Ninguém conversa mais. Conversar é um lance para veteranos de guerra, advogados e gente idosa. Isso aqui é ensino médio, e no ensino médio você não conversa com as garotas, você manda mensagens para elas. Assim como sugere a canção, o primeiro texto é o mais profundo. Ok, talvez não seja como na canção. Que seja. O importante é que eu — e todos os outros caras na fila para experimentar o mundo maravilhoso das baboseiras de Vanessa — tinha que mandar uma mensagem para ela primeiro. Claro, para um adolescente isso é frustrante, fascinante e viciante, tudo ao mesmo tempo. Um garoto ficaria interessado num saco de areia caso ele pudesse arrastá-lo emocionalmente por todo o universo como uma garota pode.

Vanessa sempre tinha uns catorze caras tentando namorar com ela. Ela em geral achava que dois deles, no máximo, eram candidatos em potencial, mas mantinha os outros doze por perto para motivar os dois principais a se empenharem mais. Ela na verdade geria um negócio, muito mais do que tinha vida social. E seu negócio era atrair o cara mais comprometido e interessado de todos eles e depois causar uma devastação mental na pobre criatura.

O mais paradoxal sobre tudo isso era que ela na verdade não era má pessoa. E continua não sendo. Ela é uma pessoa boa. Só que é uma boa pessoa que não repara em como faz os outros se sentirem. Parte disso você pode chamar de egoísmo, mas a outra parte teria de chamar de ignorância. Ela não sabe o que está fazendo — não porque não está nem aí, mas simplesmente porque não para pra pensar nisso. Para ela saber que estava sendo cruel ou ofensiva, teria que se dar ao trabalho de reparar em como você se sente. Mas não era esse o caso. Ela só pensava no que ela mesma sentia.

Naquela primavera Vanessa deu uma festa de arromba na casa dela. O clima estava quente e abafado e eu estava vibrando com a possibilidade. Embora eu fosse quase alérgico a situações sociais tão grandes quanto uma festa em casa, decidi que iria e deixaria de lado meus medos, agarrando-me à esperança de que Vanessa e eu nos beijaríamos aquela noite. A tensão sexual era tanta que eu tive de usar calças um pouco grandes para mim para que todo mundo não percebesse que eu estava andando por aí com o pau duro. Eu fui, encharcado de colônia barata e com os nervos à flor da pele, e em 45 minutos já tinha visto, sem poder fazer nada, Vanessa aos beijos com não menos do que quatro caras diferentes, e nenhum deles era eu. À certa altura fui até o lado de fora da casa encontrar um amigo e por acaso me deparei com ela aos beijos com um cara no portão. Eu dei meia-volta no mesmo instante, tanto por vergonha quanto para dar privacidade a eles, e na mesma hora outro cara — esse mais velho, mais feio e no entanto mais autoconfiante — estacionou seu carro na frente da casa e Vanessa, num movimento suave de ousadia e vagabundice, pediu ao cara que tinha acabado de beijar para que fosse buscar uma bebida, desceu as escadas e começou a beijar o outro cara.

Se ter uma chance com uma garota é considerado "estar em jogo", eu estava em algum lugar perto da autoestrada, segurando um daqueles dedos de espuma, uma lata de Coca-Cola na mão e uma placa dizendo "Sou um babaca". Ela zombou de mim, arrasou comigo e fez tudo isso de um jeito que me fez querer começar da estaca zero e convencê-la a ficar comigo. Para uma mente racional, observadora, provavelmente é difícil ver qual é o atrativo de começar várias e várias vezes da estaca zero. Mas conquistar uma fração do coração dela era para mim uma questão de valor pessoal e o que me fazia levantar da cama todas as manhãs, suportar o embaraço e a rejeição e transformá-los em combustível. Mas o que vi na festa foi demais.

Embora eu nunca tenha sido viciado em heroína, num certo sentido imagino que ficar com Vanessa não fosse muito diferente disso. A maior distinção era que, se ao menos eu fosse viciado em heroína, teria uma razão legítima para continuar tentando voltar para ela. Isso, no entanto, não fazia nenhum sentido. Era cruel e nocivo — um longo caminho sem volta e que levava à decepção, à rejeição e à confusão. Pelo menos se eu fosse viciado em drogas, poderia ter conseguido ver alguma coisa legal nisso. Mas era exatamente o oposto.

Quando fui para casa aquela noite, pasmo e envergonhado, estava convencido de que o amor não era para mim. Eu me perguntava se era porque eu era feio por fora ou se era porque era feio por dentro. Talvez as duas coisas. Eu estava apavorado demais para buscar a resposta. Eu tinha me atirado no que pensava que fosse intimidade e agora simplesmente me sentia descartado... Estava com nojo de mim mesmo. Agora, quando eu me examinava mais de perto, no microscópio da minha masculinidade diminuída, via que tinha sido ignorância, não coragem, o que tinha me levado a essa brutal busca pelo "amor".

O tempo passou. Caí e saí da luxúria com outras garotas, mas depois de um tempo ficou difícil dizer se eu queria estar apaixonado ou se estava apaixonado pela ideia de estar apaixonado. Eu sabia agora que, para alguém de fato amar você, essa pessoa tem que conhecer você de verdade. Para que ela conheça você de verdade, você tem que ficar vulnerável. Para ser vulnerável, você tem que aceitar as suas imperfeições. Você tem que aceitar as partes da sua pessoa que se sobressaem: feias, repulsivas, um espelho para todas as muitas coisas que você acha intoleráveis na sua vida. Sem essas coisas, você não pode ser amado de fato. Você pode ter momentos de amor, mas eles são passageiros. Temporários. Acho que em algum momento entre esperar receber uma punheta e em vez disso ter o coração partido, eu comecei a me dar conta de tudo isso.

Eu estava apavorado com a própria ideia de revelar meus segredos, aqueles mesmos tão bem protegidos pela minha personalidade. Tão bem protegidos, na verdade, que eu tinha dúvida se um dia conseguiria revelá-los. Mais tarde percebi que isso não era tanto um ato de autoconhecimento como de autodefesa. Quanto mais eu percebia que o amor não era algo que se conquistava, mas que se oferecia, mais isso me assustava. Eu queria que tudo fosse fácil e não exigisse nenhum esforço. Como uma carta, eu esperava que o amor me encontrasse, aparecesse na porta da frente da minha casa, pronto para ser aberto e desfrutado. Quando vi que isso não iria acontecer, concluí que era por causa de quem eu era, alguém que irradiava uma placa de neon brilhante onde se lia "INDIGNO DE AMOR".

Quando você é um cara esperando que seus pelos faciais cresçam e medindo seus genitais, você não quer pensar em coisas como essa. Eu me odiava por pensar que eu precisava ser amado. A própria ideia de que isso podia ter importância ou significado soava como algo que seu tio divorciado alcoólatra dizia quando você era criança. Todo esse lance era tão difícil para eu entender que levei anos para descobrir a verdade.

A verdade, porém, tão clara quanto eu consigo vê-la, é que todos nós somos feitos para amar. E é como se o nosso tesão fosse um cavalo de Troia que nos leva para o campo de batalha da intimidade e, depois que estamos lá dentro, nos faz sentir as paredes se fechando à nossa volta, as luzes se apagando e as portas sendo trancadas. É bizarro a princípio, como se você tivesse cruzado uma linha invisível e não pudesse voltar. No entanto, é principalmente assustador e incerto, porque você tem que sair dali de dentro. Você tem que se arriscar e deixar que alguém entre na sua vida. Você tem que ficar no seu estado natural, verdadeiro, exposto e transparente. Eu odiava isso com uma paixão venenosa e me protegia — meu coração, meu ego, meu orgulho — com todas as células do meu corpo.

Aos poucos, porém, comecei a aceitar que a ideia em que eu tinha acreditado — aquela que dizia que o amor nada mais é do que um vício incrível na nossa vida — era uma mentira. Na verdade, o amor não é uma peça perdida de um quebra-cabeça; ele é o alicerce a partir do qual construímos todo o resto. É o combustível do qual precisamos desesperadamente, sejamos homens ou mulheres, jovens ou velhos. O que eu ainda não sabia, no entanto, algo que me iludiu até pouco tempo atrás, é que amor, sexo e relacionamentos íntimos não são sinônimos. O sentimento contagioso do amor vem com diferentes rótulos, diferentes formatos e tamanhos. Eu achava na época que o amor era só uma ponte para o sexo e descobri mais tarde que ele é na verdade uma ponte para a cura do nosso coração machucado.

Talvez essa seja a raiz de tudo que veio depois. Talvez todos os meus problemas e a minha dor estivessem vinculados à minha solidão. A verdade era que eu não me sentia amado. Eu me sentia, isto sim, como uma mercadoria defeituosa, tirada da linha de produção da fábrica humana cedo demais e ganhando nada, exceto arranhões, machucados e vergonha, desde então.

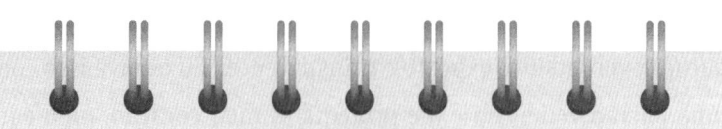

UM TOQUE PARA MIM MESMO

Amor requer vulnerabilidade. Amor requer empenho. As garotas levam toda a nossa autoconfiança e a destroem. (Admitam, vocês sabem que fazem isso.)

6

Confuso

Não posso dizer qual foi o momento exato em que senti pela primeira vez que o mundo estava conspirando para "me deixar feliz", mas quase posso fazer isso. Quando era bem pequeno, eu me lembro que ficava assistindo à TV quando chegava em casa da escola. Deveria ser umas três ou quatro horas da tarde e os programas de televisão naquela época não eram feitos necessariamente para seres pensantes. Eu estava começando a ter idade para entender que os comerciais não faziam parte dos programas. Mas, ainda assim, tudo ainda era uma torrente de entretenimento jorrando daquela caixinha. Eu não entendia muito bem como a caixinha funcionava. Ainda não entendo. E com certeza não entendia nada de dinheiro, marketing, nada disso. Então não compreendia de onde vinham os anúncios ou qual era o seu propósito. Mas sabia que, quando estava assistindo a um desenho animado e de repente aparecia na tela um sujeito de botas e camisa de flanela dirigindo uma picape de luxo, o caubói nada tinha a ver com o desenho. Isso eu sabia com certeza.

Havia um anúncio do McDonald's que sempre costumava passar naquelas tardes preguiçosas em que eu ficava em frente à TV. O comercial mostrava cinco ou seis crianças sentadas ao ar livre, chateadas porque o jogo de futebol tinha sido cancelado. Talvez não fosse futebol, mas é o que eu me lembro; independentemente do jogo, elas estavam expressando todo o seu desespero encenado nas carinhas sardentas. A câmera se afastava e as mostrava de um ângulo mais distante; chovia e elas pareciam muito aborrecidas e amuadas. Quando parecia que tinham perdido a esperança e o mundo iria se esfacelar em milhões de pedacinhos de decepção pré-adolescente, numa reviravolta do gênio capitalista, Ronald McDonald aparece em cena agitando sua mão gigante e com uma cara toda feliz. Ele não dirigia um carro, mas de repente um carro aparecia do nada e, embora eles estivessem em oito e fosse um carro esporte, todos couberam lá dentro e ele levou todas as crianças para o McDonald's, onde cada uma ganhou um McLanche Feliz. E como o nome sugere, comeram suas refeições sem nutrientes enquanto pareciam ficar muito mais felizes. Todo mundo começava a sorrir e a câmera mostrava a alegria no rosto de uma garotinha e depois enfocava batatas fritas gordurosas e brilhantes. Uma música divertida começava a tocar e o comercial acabava com as crianças saltitando e dançando, todas elas renascidas num lugar de eterna e permanente felicidade.

Era de fato um anúncio e tanto, provavelmente ganharam milhões com ele. Mas essa ideia de felicidade — que nós a perdemos e precisamos encontrá-la, forçá-la a vir até nós e exigir que seja nossa — começou a crescer dentro de mim. Era como se todos os comerciais tivessem o mesmo enredo: alguém estava infeliz e então conseguia alguma coisa e ficava feliz. Eu me sentia assim com relação às sonecas da tarde e bolachas de água e sal, mas nunca vi nenhum anúncio na TV nesse sentido.

Todos os dias, o mundo exterior tenta exercer sua influência um pouquinho mais, formando nossas crenças sobre a felicidade. É quase sempre uma coisa sutil, ínfima. Assim como quando você pergunta às pessoas como elas vão e elas na verdade nem pensam a respeito da pergunta antes de responder "Tudo bem e você?". Ou como todos aqueles clipes gravados em casas noturnas maravilhosas, com luzes coloridas e pessoas com uma aparência melhor que a sua. Todo mundo parece feliz. Todo mundo à sua volta quer ser feliz. Era como se houvesse dias em que a sociedade gritava para eu ser feliz. Como se eu fosse a única pessoa que não estava ouvindo.

Não que eu nunca fosse feliz. Eu era. Eu era muito feliz. É só que, à medida que você cresce, as coisas que o deixam feliz mudam. Mas a motivação para querer ser feliz, isso não muda, na verdade. É como uma droga superpotente. Você esquece tudo quando está feliz. É como se parasse de viver na sua cabeça e começasse a viver no coração ou algo assim. E a vida, eu mesmo, tudo mais, passa a fazer sentido. Eu me sentia incrível e achava que seria muito bom se pudesse me sentir assim para sempre. Tudo estava no lugar. Mas, às vezes, essa sensação se desvanecia. Eu olhava em volta e via coisas ruins em todos os lugares. Ia para o centro e via pessoas vivendo nas ruas ou um viciado, ou um policial prendendo alguém. Nada disso parecia muito feliz. Eu não sei quando descobri que a vida é um equilíbrio entre bom e ruim, certo e errado. Mas, a cada ano que passava, ficava mais difícil aceitar que esperavam que eu simplesmente ficasse feliz que a minha vida fosse boa e não deixasse que o fato de milhões de pessoas estarem sofrendo de maneiras inimagináveis não cortasse o meu barato.

Parecia, às vezes, que a felicidade era, na melhor das hipóteses, algo agradável para nos distrair da verdade. E a verdade, do modo como eu a via, era que a vida era algo duro e vazio, que obrigava algumas pessoas a confrontar sua dor e outras a fingir que tudo era perfeito.

Será que os problemas de uma criança podiam mesmo ser resolvidos com um *cheeseburger*? Será que um carro novo tornava a vida de todo mundo tão melhor? Era difícil acreditar nisso. Mas toda vez que eu começava a sentir isso mais forte, algo de bom acontecia — um sorriso amigável, uma palavra de estímulo, um momento especial —, e eu me sentia feliz outra vez e me lembrava do quanto isso era bom. A infância é sempre essa gangorra constante de momentos assim.

Quando você é pequeno, a gangorra tende a não oscilar tanto. Mesmo quando coisas ruins me aconteciam na escola ou eu tinha problemas em casa ou sofria na mão dos valentões, a vida sempre achava uma maneira de encontrar um equilíbrio até certo ponto. Sempre havia momentos bons para me fazer esquecer um pouco os ruins. Mas, quando você é adolescente, a gangorra começa a pender para um lado. Pelo menos para mim foi assim. Ela pendia tanto para o lado ruim que eu me estatelava no chão, ficava cheio de arranhões no corpo todo e com a boca cheia de areia.

Eu tinha 16 anos e me odiava. Odiava meu rosto; o jeito como ele era longo e anguloso e meu nariz pontudo, quase pontiagudo. Odiava que minhas orelhas fossem de tamanhos diferentes, odiava tanto que nunca falava isso para ninguém, nem de brincadeira, porque senão depois eu teria que ficar me perguntando, toda vez que a pessoa olhava para mim, se ela estava pensando nas minhas orelhas. E mesmo que não estivesse pensando nelas, eu mesmo estaria, porque as odeio. Então eu me odiava, e escondia isso através do que parecia ser uma autoaceitação radical e devastadora. Eu fazia questão de que todo mundo pensasse que eu me amava, quase ao ponto do narcisismo, para que assim não achassem que eu não era normal ou algo igualmente horroroso. Eu mantinha minha aversão por mim mesmo enterrada bem abaixo da camada que deixava todo mundo ver. Certificava-me de que ela ficasse ali, como se fosse um segredo pessoal e maravilhoso tão bom que eu não ousava macular, oferecendo-o às massas.

Em segredo, eu era malvado com quem e o que eu era, e no entanto projetava exatamente o contrário. Eu era algo como uma grande bola de hipocrisia, esperando para ser fatiada e exposta pelas minhas próprias falácias e temores. Tudo a meu próprio respeito me tirava do sério. O jeito como minha voz soava quando eu cantava minhas músicas favoritas. Como eu me parecia ao olhar no espelho sem camisa, ao ver minhas três costelas inferiores salientes, como se dissessem: "Ei, você ainda é só um frangote magricela!" Eu odiava o jeito como meu corpo ficava cheio de sardas escuras, parecidas com as que eram a marca registrada do meu pai. Odiava como meus pulsos ainda eram finos como os de uma criança e minhas coxas eram quase da grossura dos meus ombros. Eu odiava, principalmente, o fato de ter que viver fingindo que eu não me odiava.

Eu não tinha nada interessante dentro de mim — nem uma história, pensamento ou sentimento. A parte mais empolgante a meu respeito era minha busca pela ilusão, todo dia uma nova batalha para tentar fazer os outros acreditarem em coisas sobre mim nas quais eu mesmo não acreditava. Eu era ao mesmo tempo repulsivo e profundamente vazio. Vivia num poço de autoaversão, nadando em autopiedade, me afogando em dor. Minhas roupas eram patéticas e eu nunca convidava ninguém para ir à minha casa porque, assim como o meu caráter, ela parecia muito melhor por fora do que por dentro. Eu vivia uma vida que era ao mesmo tempo solitária e sem brilho, e a cada dia que passava eu tinha menos força de vontade para fazer alguma coisa a respeito.

Existe um punhado de perguntas que talvez você mesmo tenha sentido vontade de fazer a certa altura da vida. E algumas vezes essas perguntas podem levar a algo bom. Outras vezes elas podem só dar de cara com o silêncio.

Algumas dessas perguntas serão insignificantes. Tipo, por que temos horário de verão? E por que meu pau encolhe quando entro na piscina? Mas são as grandes perguntas — aquelas que ficam dando voltas na nossa cabeça o dia todo, aquelas que queremos desesperadamente entender — que tendem a ter menos respostas.

Foi no outono do meu último ano no ensino médio que fiquei remoendo algumas questões realmente bizarras. Pelo menos na minha cabeça, eu por fim tinha tirado um pé da minha deselegância desajeitada. Podia ver a luz no fim do túnel da adolescência e sentia que já tinha crescido, ansioso para me tornar adulto. Eu me sentia renovado, encorajado e pronto para resolver as ideias complexas do universo. Ou, para ser mais preciso, eu achava que estava pronto. Tudo começou bem devagar: peguei alguns livros numa velha cafeteria decadente perto do centro da cidade. Os grãos de café exalavam um cheiro forte, como se estivessem torrados demais e as janelas estavam sempre tão embaçadas que não dava para ver nada do lado de fora. As mesmas pessoas pareciam circular por ali todos os dias, uma coleção excêntrica de indivíduos. Mas, apesar dos odores quase ofensivos e o estranho cenário social, o lugar sempre tinha bons livros na parte dos fundos. A maioria deles era espiritualista, tratava de ideias como Deus ou religião ou existencialismo. Eu devorei todos eles, como se fosse incapaz de digerir a informação com rapidez suficiente. Eu realmente pensava que estava me tornando um grande pensador. Meu amigo Tony costumava dizer que "às vezes, o problema de ir fundo é que você não percebe que está a poucos passos de se perder nas profundezas". Eu costumava me perguntar o que isso significava, mas isso foi muito antes de todo o resto acontecer.

Aqueles livros, rasgados, manchados e desbotados pelo uso, tornaram-se o ponto de partida de um caminho muito estranho e mal traçado para eu começar a trilhar. Acho que o negócio era o seguinte: a cada etapa da minha vida eu tinha que encarar uma dor. Minha família. Escola. Amizades. Meu corpo. Garotas. Tudo isso tinha se misturado nessa imagem borrada de dor, rejeição e desvalor. Havia bons momentos também, momentos alegres e de uma dose de risadas e de amor, mas sempre havia algo de feio entre eles. Em relação às pessoas, no entanto, o caso é que o nosso coração, penso eu, é muito bom em se apegar ao que é horrível e péssimo em se apegar ao que é bom. Ou pelo menos somos assim até aprendermos a não ser mais. Mas na época eu não tinha aprendido ainda.

Eu estava apegado a tudo que tinha acontecido para me ferir. No dia a dia, minha mente ficava dando voltas, revivendo momentos que tinham me deixado exposto e vulnerável, e me sentindo vazio. Era esse tipo de pensamento devastador e destrutivo que me levava a cafeterias vagabundas e livros manuseados à exaustão. Eu queria descobrir se essa vida superficial em que tinham me feito acreditar não era só piada, que havia uma verdade mais profunda e cheia de sentido bem na frente do meu nariz e tudo que eu precisava fazer era farejá-la.

Então comecei a buscar algo com profundidade: uma verdade desafiadora na qual eu pudesse mergulhar meu eu desesperado e desiludido. Todo santo dia eu lia livros sobre coisas que achava que me levariam a uma iluminada bem-aventurança — livros sobre o momento presente, sobre prece, sobre crença, sobre cura. Para dizer a verdade, os livros eram desafiadores tanto para a minha idade quanto para o meu intelecto, mas eu os lia com uma determinação incansável, enraizada tanto na minha ambição quanto na minha ignorância.

Eu não tive uma criação religiosa. Acho que a religião do meu pai era a cerveja Molson Canadian e a da minha mãe era principalmente ignorar a religião do meu pai. Havia duas igrejas perto da minha casa, ambas caindo aos pedaços e nem um pouco convidativas. Numa delas, a United Church — que sempre me pareceu ter uma janela quebrada nos fundos —, todo mês havia uma nova placa com uma frase bacana sobre o que Deus podia fazer na sua vida. A minha favorita era PORQUE

EXISTEM CERTAS PERGUNTAS QUE O GOOGLE NÃO PODE RESPONDER. A segunda que eu mais gostava era FAITHBOOK*: DEUS TE MANDOU UMA SOLICITAÇÃO DE AMIZADE. Para ser sincero, essas duas frases me fizeram dar muita risada e eu acho que rir é um convite bom para se fazer qualquer coisa. Então eu não era contra a religião, eu apenas nunca havia tido uma razão para adotá-la. Além do mais, Victoria é um lugar muito aberto do ponto de vista espiritual.

A maioria das pessoas aqui faz yoga, bebe sucos Detox, usa palavras tipo "karma" e conversa sobre a "lei da atração". Não são muitas pessoas que acreditam em Deus. Deus meio que conflita com o paradigma de que controlamos tudo, que parece ser a crença preferida de muita gente em Victoria e em qualquer outro lugar. Acho que é só porque é mais fácil ignorar Deus do que ficar discutindo se ele existe ou não.

Eu não sei muita coisa sobre o que acontece entre as paredes de uma igreja, mas sei que as pessoas que não vão à igreja com certeza gostam de discutir com as que vão. Eu gostaria que não houvesse essa divisão entre as pessoas que acreditam em certas coisas e as que não acreditam. Isso me parece uma grande hipocrisia de ambos os lados, esses dois grupos de pessoas que afirmam acreditar em coisas boas e mesmo assim estão dispostas a fazer coisas ruins com as que discordam disso. Isso me parece muito errado ou pelo menos muito esquisito.

---

* O autor faz um trocadilho entre o nome da rede social Facebook e a palavra *Faithbook* ("livro da fé"). (N.T.)

Eu não sei muito sobre Jesus ou Buda ou Alá, mas acho que eles devem ser contra essa coisa de ficar banindo uns aos outros desse jeito. Isso é parte do problema também. A palavra "religioso" se tornou uma arma carregada. Ela significa muitas coisas diferentes para muitas pessoas diferentes; no fim não há nem como saber quem está falando do quê. Ela é um punhado de interpretações diferentes para sintetizar uma única ideia — uma única ideia com a qual parece que ninguém consegue concordar.

É como se todo mundo só quisesse ficar discutindo a respeito disso. O vício de se estar certo é odioso. Eu quase sempre sei que não devia fazer questão de estar certo, no entanto invariavelmente faço. É duro. Uma vez ouvi alguém dizer que "a raiva depois de cinco segundos não passa de orgulho". Talvez quando nos tornamos pessoas espirituais, nós nos transformamos em pessoas orgulhosas. Ou talvez estejamos todos apenas com raiva de alguma coisa e falar sobre o que não se pode provar seja uma boa válvula de escape para essa raiva. Não sei.

Tudo o que eu sei é que continuei a ler meus livros. Depois de um tempo, comecei a me dar conta de que eles pareciam quase todos iguais, sempre pairando na mesma imprecisão relativa e generalidades que o anterior. Palavras como "destino kármico" e "criação divina" estavam espalhadas por todo lado e todo mundo parecia falar da vida como se ela fosse um conto de fadas mágico que se molda a cada pedido extravagante que você faz. Tudo o que você tinha que fazer é "afirmar a sua intenção" ou "estabelecer com precisão o seu objetivo". Tudo um pouquinho irritante, na verdade. Mas eu simplesmente continuei a seguir "o caminho", como diziam aqueles autointitulados gurus, com a esperança de que, se eu fechasse os olhos e mantivesse a cabeça baixa, algo de bom iria acontecer ou, no mínimo, eu iria notar que o caminho estava me conduzindo diretamente para o abismo. Todo dia, portanto, eu acordava e lia um pouquinho mais. Eu era inabalável no meu hábito e devorava cada livro com uma determinação que nem sabia que tinha. O barato de se comprometer com alguma coisa é que, depois que você começa, não consegue parar mais. Você começa a beber um pouquinho de Ki-suco* e de repente ele parece apenas água de torneira. Para ser mais direto: você vira um cara muito esquisito. Para mim, minha esquisitice era expressa por meio de um isolamento cada vez maior.

MINHA MENTE FICOU REMOENDO as mesmas perguntas durante todo o outono e meus olhos não desgrudaram dos livros. Os dias ficaram mais curtos e as folhas começaram a cair das árvores. Eu saía para fazer caminhadas e me escondia no meu quarto.

---

* Uma referência ao suicídio em massa dos seguidores de um culto em Jonestown, Guiana. Jim Jones, o líder do grupo, convenceu-os a se suicidar bebendo Ki-suco com cianureto de potássio. Essa tragédia deu origem ao ditado em inglês "Não beba Ki-suco", ou seja, não confie em qualquer filosofia ou ponto de vista que vir pela frente. (N.T.)

Meus livros me faziam companhia e meus medos não me deixavam parar de ler. O outono passou e o inverno por fim deu as caras. As folhas do calendário foram viradas até chegar dezembro e de repente estávamos às portas do tão esperado Natal. Bem, tão esperado por muita gente, menos por mim. O Natal sempre me aborrecia um pouco ou me deixava num estado de espírito irreversivelmente pessimista. Meus pais se divorciaram durante o Natal. Eu acho que é por isso que ele sempre desperta em mim muitas emoções, mas não tenho certeza. Não me lembro nem se fiquei todo emotivo quando eles se separaram; não foi nem uma surpresa, no final das contas. Sabe, dormindo em quartos separados, discutindo o tempo todo... Então não foi como se, um dia, estivéssemos posando para fotos de família em frente a um boneco de neve numa estação de esqui e, no dia seguinte, meus pais estivessem se separando e arruinando o meu Natal e tudo mais. Acho que, mais do que qualquer outra coisa, o Natal era uma época em que eu podia sentir os terríveis contrastes deste mundo.

Minha casa na Hobbs era quase no final da rua. Só havia mais uma casa antes da placa Pare e depois havia uma faixa para pedestres. Se você cruzasse essa faixa, estaria saindo de Cadboro Bay e entrando em Queenswood. Os dois bairros eram separados por uma faixa de quinze metros de terra e seis dígitos na renda per capita. Meu amigo Corey morava na primeira casa de Queenswood. Ele era um cara divertido que usava calças de agasalho ou jaquetas Hugo Boss de dois mil dólares. Ele era quase vinte anos mais velho do que eu e morava seis meses em Los Angeles e seis meses em Queenswood. Frequentávamos a mesma cafeteria e ficamos amigos mais pela proximidade do que por termos personalidades compatíveis. De início, achei esquisito que um homem adulto que morava numa das cidades mais descoladas do mundo ficasse na minha cidade com a família durante seis meses do ano.

A família de Corey parecia saída de um filme: extremamente gentil, bem-apessoada, amorosa e rica. A casa dele era enorme e elegante, sempre aquecida e bem decorada. Durante as férias, ela tinha uma árvore de Natal de três metros e meio de altura, com o que pareciam centenas de presentes embaixo. Isso me lembrava uma daquelas decorações gigantescas dos shoppings, onde havia todas aquelas caixas maravilhosas embrulhadas com papel de presente, todas muito bem arrumadas embaixo da mais luxuosa árvore de Natal que você já viu, como que dizendo: "Seu Natal não vai ser tão bom assim, a menos que você se esforce muuuito!" A única diferença é que aquelas caixas dos shoppings estavam vazias, enquanto as da casa de Corey não. Elas estavam cheias de coisas caras e reluzentes, que faziam um adolescente pobre como eu imaginar como seria acordar lá na manhã de Natal, como se todos os problemas da minha vida pudessem ser resolvidos com presentes.

Uma noite, depois de assistir a um filme sem graça na casa de Corey, enquanto a família dele ia para a cama eu fui dar uma volta pelo meu bairro, fitando o céu e tentando encontrar algum sentido em tudo que me parecia destituído de lógica. O frio era cortante e o céu estava tão escuro que era como se as estrelas pairassem só poucos metros acima dos postes de luz. O vento açoitava minha pele e eu sentia como se a verdade também estivesse açoitando a minha alma. Então me ocorreu, pela minha vez, que a vida é uma constante dualidade, capaz de tomar a cada momento uma direção diferente — boa, má, feliz, triste. Por mais que eu ansiasse pelo estilo de vida daquela casa em Queenswood, me dei conta de que muitas pessoas poderiam ansiar pelo meu estilo de vida. Se eu continuasse andando mais quinze minutos em outra direção — rumo à Pandora Street, onde muitos sem-teto tinham montado abrigos improvisados nos canteiros gramados —, eu poderia encontrar alguém que tinha muito menos do que eu. E, se eu percorresse a Pandora Street por mais vinte minutos, entrando bem no centro do condomínio de casas populares da Quadra Village, eu poderia encontrar uma família inteira que mal tinha um teto, que dirá presentes embaixo da árvore.

A coisa toda parecia brutalmente cruel. Ali estava eu, perdido no meu egoísmo, me perguntando quem tinha a casa maior e os brinquedos mais legais, e havia pessoa deitadas no frio, sem um prato de comida e sem ninguém para lhes desejar um Feliz Natal — e, mesmo que alguém dissesse as palavras, não havia nenhum motivo real para que acreditassem nelas. Como podemos andar por aí gastando dinheiro em presentes e brinquedos para pessoas que — assim como nós — nem precisam de fato deles e nem tentar resolver esse problema primeiro? Isso me parecia totalmente errado e me destruía por dentro. Embora eu nunca tivesse me considerado um sujeito ingênuo, estava começando a me perguntar se não seria esse o caso.

O mundo inteiro queria falar de felicidade. Porém, pelo visto ninguém dava a mínima se ela vinha às custas de se ignorar cegamente a miséria. Como podemos defender a felicidade sem também defender a igualdade? Eu estava começando a ter a impressão de que tudo isso só tinha a ver com dinheiro e que todo mundo estava se empenhando ao máximo para negociar a felicidade como se ela *não* tivesse só a ver com dinheiro, para que continuássemos comprando as mercadorias deles e eles pudessem continuar enriquecendo e sendo um sucesso e comprando seus brinquedos reluzentes. Ou seja lá o que for que as pessoas fazem quando ganham dinheiro assim. Mas isso tudo aconteceu quando eu de fato comecei a me perguntar como é que esperavam que fôssemos felizes se o mundo inteiro parecia estar sangrando, ferido com os constantes golpes da negligência e da ignorância da sociedade.

Tudo naquele inverno parecia se destacar, como seu eu estivesse notando tudo pela primeira vez. Nada parecia inteiro mais. O mundo parecia peças fragmentadas do que costumava ser uma imagem completa, mas agora era só um punhado de pessoas andando por aí, tentando satisfazer seus desejos egoístas.

Tudo isso me deixou com uma baita raiva. Todos os livros que eu tinha lido pareciam inúteis agora. Morar nas ruas era o "destino kármico" dos sem-teto? Viver na miséria era o "propósito divino" das crianças africanas? Nada disso parecia fazer sentido. Eu não conseguiria viver mais um segundo com todo esse sofrimento na minha consciência, sabendo que eu não estava fazendo nada para combater tudo isso.

Nesse Natal, eu chorei. Parei de comer carne e decidi que seria vegetariano. Doei metade do meu guarda-roupa para um abrigo. Disse à minha mãe que eu só queria participar de atividades e esportes cujo propósito não fosse ganhar ou perder, mas promover a alegria. Ganhar e perder dividia as pessoas, declarei a ela, decidido. Ela sorriu e me disse que eu estava parecendo um "hippie dos anos 70". Tomei isso como um pequeno elogio.

Eu queria mudar radicalmente tudo na minha vida. Queria doar mais e apreciar mais e encontrar uma maneira de contribuir para tornar o mundo e as pessoas perfeitos. Era um objetivo modesto e eu sabia que conseguiria atingi-lo. Estava determinado a combater essa divisão — entre oprimidos e opressores, entre ricos e pobres, entre os que dormiam em camas e os que dormiam no asfalto —, algo que parecia assolar a humanidade e afligir tantas pessoas. Eu queria encontrar um caminho melhor e depois correr até o alto da montanha e contar ao mundo sobre isso. Era um momento de obsessão e leve desilusão, tudo ao mesmo tempo. Com a minha recém encontrada perspectiva, eu sentia uma agitação crescer dentro de mim, como um rio represado, pronto para romper as comportas do mundo e inundar a vida de homens, mulheres e crianças com meu monumental otimismo. Por fim, eu sentia que tinha uma razão para sair da cama pela manhã.

Isso durou uns três dias.

Então, de repente, o Natal acabou. Toda aquela explosão de entusiasmo passou, junto com toda a energia da época de férias. Todo aquele comércio de massa e marketing aos quais eu era radicalmente contra desapareceu. Era Ano-Novo. As pessoas estavam de ressaca e cansadas e tinham gastado demais e eu estava com vontade de comer carne e frustrado por agora só ter metade do guarda-roupa que tinha 72 horas antes. Na hora eu me senti muito bem em doar as minhas coisas, mas agora, sentado no meu sofá com uma camiseta vagabunda que eu não trocava havia três dias e fedia a odor corporal adolescente e a arrependimento, meu guarda-roupa parecia precário demais. Ali estava eu, batendo na porta do abrigo e doando as roupas suadas, manchadas e batidas e passando-as para as mãos deles como se lhes passasse a chave para resolver todos os problemas do mundo. Mais patético ainda é que eu estava tentando sanar as minhas próprias aflições doando meus bens materiais. Talvez isso ajude uma criança ou duas, mas no geral não adianta nada. O fato de eu me tornar vegetariano — um vegetariano lamuriento e todo convencido, que vomitava pra cima de todo mundo coisas sobre a indústria de alimentos que eu tinha memorizado de um documentário de baixo orçamento — poderia impactar as vendas de uma merceariazinha, mas nada muito além disso. Na verdade, não impediu que a merceariazinha continuasse a vender carne.

E com certeza é um grão de poeira no vento do problema maior. Não mudaria coisa nenhuma. E não mudou. Eu só fiquei sem roupas. Só fiquei sem comer carne. Minhas "mudanças no estilo de vida", como eu vivia chamando-as, afetaram apenas a mim mesmo. Minha intenção de não ser mais egoísta num certo sentido se voltou contra mim, destacando minha própria ignorância e minha incapacidade de ver além do meu próprio umbigo, mesmo que eu estivesse me esforçando muito para fazer isso. Era como se as paredes da realidade estivessem se fechando e prensando as minhas ilusões, e tudo o que eu pudesse fazer era ficar ali de pé, observando tudo ser estilhaçado em milhões de fragmentos.

EM ALGUM MOMENTO em meio a tudo aquilo, as coisas mudaram. Eu deixei de lado meu idealismo radical. Parei de ler livros espiritualistas. Desisti das questões existenciais. Minha vida voltou a se encolher no cantinho mal iluminado de onde eu tinha tentado com tanto afinco sair durante todos aqueles meses. O que restou foi um sentimento pesado de desesperança, algo que eu nunca tinha vivenciado. Era um sentimento permanente, como se estivesse impregnado na minha pele, nos meus ossos e na minha respiração. Tudo o que eu tocava se tornava cada vez mais desespero. Os dias passavam sem que eu visse e ficavam cada vez mais difíceis de lembrar, e eu me sentia o tempo todo completamente exausto. Rolava na cama por horas toda noite, olhando para o teto e querendo saber quando aquilo ia passar. Meu quarto se tornou uma concha oca, cheia de embalagens de comida e pratos sujos, roupas usadas e objetos quebrados. Um dia meu despertador tocou por dez minutos sem que eu o desligasse, porque no meu torpor comatoso eu não o ouvi. Então a minha irmã entrou no meu quarto, desligou-o e no trajeto torceu o tornozelo ao pisar num dos muitos copos espalhados pelo chão. Foi vergonhoso. Mas eu não fazia ideia do que estava acontecendo ou como mudar isso.

Os dias pareciam não se distinguir dos anteriores ou posteriores, nunca se destacando o suficiente para ficarem na memória. E a cada momento que me escapava entre os dedos e se tornava um eco do passado, eu estava consciente de que a minha mente estava presa aos mesmos pensamentos e ao mesmo medo e à mesma dor. Nada estava mudando. Na verdade, as coisas tinham ficado muito piores.

Eu estava ridiculamente depressivo e cego demais até para notar.

UM TOQUE PARA MIM MESMO

Se você sente que está fodido: pare. Respire. Fale com alguém. Conte o que está acontecendo. Pare de ser babaca e pensar que vai sair dessa sozinho. Os problemas são como canos quebrados. Precisam de alguém que vá consertá-los. Ah, e limpe seu quarto, seu porco!

7

Na maior deprê

LEVOU MESES PARA QUE EU PERCEBESSE que estava afundando numa depressão profunda e sombria. Parece que saber que você está com depressão é uma coisa óbvia — como quando você se corta ou pega uma gripe —, mas não é. É como se o sofrimento tivesse um jeito de se esgueirar secretamente para dentro do seu ser, enganando sua noção de eu e seu bom senso. Eu me sentia como um teto cheio de goteira; a água passava através de mim sem que eu percebesse, inundando aos poucos cada centímetro da minha existência.

Eu não conseguia chegar a um acordo com a tortura que sentia dentro de mim. Era como se eu tivesse me tornado um estranho para mim mesmo, só alugado a pele de uma pessoa que se parecia comigo. Era estranho e horrível. Todos os dias eu sentia como se estivesse sendo arrastado pela vida e me agarrando a tudo e qualquer coisa na esperança de que, se conseguisse me apegar a isso, talvez me sentisse normal outra vez. Qualquer coisa que tivesse a ver com emoção me devastava. Eu não conseguia assistir a um filme. Não conseguia ler um livro. Não conseguia ouvir música ou conversar com alguém. Ou eu caía num silêncio insuportável ou me entregava a uma raiva irracional. Na realidade, eu achava que estava enlouquecendo.

Rompantes de dor e de pessimismo tomavam conta do meu cérebro. Estava aborrecido e zangado com quem eu era e com o que eu pensava a meu respeito. Eu sabia que ninguém poderia saber o que se passava na minha cabeça, mas ficava horrorizado só de imaginar o que as pessoas pensariam se soubessem. Esse parquinho invisível no qual eu conseguia me esbaldar em qualquer que fosse a versão excêntrica do mundo que eu quisesse tinha se tornado um campo de batalha. Era o fato de essa experiência ser um segredo que me devastava. Aos poucos, a solidão disso tudo começou a pôr em risco a minha sanidade.

Num dia normal, eu ficava tão perdido nos meus pensamentos que nada mais parecia real. Ouvia as conversas como se estivesse debaixo d'água. Eu podia ouvir as palavras e ver os gestos e fazer algumas conexões vagas, mas meu foco, cada um dos meus pensamentos conscientes, estava atrelado à minha tristeza; nada mais conseguia fazer contato comigo. Era patética e infantil, essa compulsão em pensar só em mim mesmo e, no entanto, ela era inabalável. Eu odiava essa pessoa em quem eu tinha me tornado. Eu me sentia mais uma reação do que um ser humano. Hesitava diante das diferentes direções do meu desespero e não conseguia ficar quieto por tempo suficiente para reparar no que estava fazendo. Como um peixe fora d'água, eu saltava feito louco, tentando voltar para onde era seguro, ao mesmo tempo que me exauria.

Depois de alguns dias, notei que meus ombros estavam curvados e as minhas pálpebras, caídas, e toda a minha constituição física indicava que eu estava podre. Estava no fundo do poço. E o fundo era de pedra. Minha vida não passava de um humilde lamaçal qualquer, onde eu ficava saltando de um pensamento doloroso para outro.

Quanto mais tempo passava, mais consciência eu tomava do quanto era difícil sair desse lamaçal. Minha mente era atraída como um ímã para as partes mais vis e insuportáveis do fato de estar vivo. De um jeito obsessivo, eu alternava entre pensar sobre o que havia de errado nas pessoas e o que havia de errado comigo. Era como um jogo de pingue-pongue que só contribuía para fazer com que tudo ficasse uma merda ainda pior. Às vezes eu pegava um travesseiro, cobria o rosto e tentava gritar o mais alto possível. Quando estava zangado com alguma coisa, isso sempre funcionava. Mas quando eu me encontrava nesse estado de pura tortura e exaustão, isso só servia para me lembrar do quanto eu estava fraco. Eu mal conseguia erguer a voz um decibel acima do nível de conversação e, quando por fim conseguia produzir algo ligeiramente próximo a um grito, ele era curto e insignificante e não causava nada além de uma leve irritação nas minhas cordas vocais. Não me dava nenhuma satisfação.

Todos os dias passavam em branco. Eu já não os contava. Não me importava com isso. De um jeito estranho, tinha me levado para um estado de extrema calma. Tudo acontecia devagar. Eu estava mais consciente do que nunca de quanto esforço a vida exigia. Me faltava força de vontade para me importar com alguma coisa. Eu me resignei a uma vida de pessimismo. Sinceramente esperava que o mundo sofresse uma combustão espontânea. Ou pelo menos que eu mesmo sofresse uma combustão espontânea. Era difícil dizer se eu ainda tinha vontade de continuar vivo. Mas, pensando bem, algo só está perdido depois que você constata que desapareceu. Eu estava tão embrenhado na escuridão que na verdade comecei a achar que aquilo era normal.

QUANDO EU TENTAVA com todo o empenho sair desse estado e ir para a escola, os pensamentos na minha cabeça enquanto andava pelos corredores a cada dia não iam muito além de "Porra", "Caralho", "O cabelo dele está rosa?", "Quero ser invisível".

Eu era uma mistura de emoções nas quais eu vivia. Eu estava com raiva, consciente e exausto ao mesmo tempo. Viver com pensamentos tão desenfreados e repetitivos não é moleza, não. Eles começavam a dançar em círculo à minha volta, como se tirando um sarro da minha cara. Havia dias em que eu não conseguia passar mais do que alguns segundos sem pensar em algo que fazia eu me sentir como uma formiga presa num pote de vidro. Era como se o mundo inteiro pudesse ver através de mim, e enxergasse as partes mais profundas do meu medo.

Pela primeira vez comecei a gostar de não fazer nada, ficar deitado no chão, com os olhos não fitando nada a não ser o teto, com as luzes apagadas. Isso se tornou quase bem-aventurança. Nada me incomodava. Ninguém para me mandar fazer nada. Só o meu quarto, eu e a escuridão. Ela me era familiar, como um velho amigo ou uma poltrona confortável. Eu meio que me entregava a ela. Perdi horas da minha vida assim. Provavelmente dias. Só deitado no chão, olhando para cima, para a pintura branca do teto baixo, contando as marquinhas pretas da borracha dos pesos que eu costumava usar para me exercitar. Eu tinha me conformado em ser essa pessoa, agora, que ficava largada no chão e tentava se perder em devaneios, para não enfrentar os próprios problemas. Era um estado deplorável e ficou ainda pior por causa da minha feroz determinação em não contar a ninguém quanto eu estava mal.

Isso faz parte desse lance da depressão e de se sentir pra baixo — você só fica nadando na degradação o dia inteiro. Mas agora eu estava cansado demais para continuar nadando. Agora eu sentia como se a minha cabeça estivesse debaixo d'água e eu estivesse ficando sem ar e sem vontade de continuar seguindo em frente. Enquanto ficava deitado ali, eu me perguntava se era possível afundar mais do que isso enquanto o coração ainda continuava batendo. Tentava voltar a pensar em algo feliz ou alegre ou maravilhoso e, embora eu conseguisse acessar uma lembrança, não conseguia chegar nem perto de evocar as emoções. Estava perdendo a capacidade até de me manter dentro dos meus próprios devaneios. Se antes eu era o personagem principal, capaz de sentir exatamente todo e cada momento das minhas lembranças, agora era apenas um observador claudicante, só assistindo do lado de fora e se perguntando se um dia a vida iria voltar a ser boa.

Às vezes eu penso na minha depressão como uma névoa. Cresci perto do mar e por isso, na minha infância, de manhã bem cedo eu começava o dia com uma caminhada em meio à névoa. Num certo sentido, ela é linda e ao mesmo tempo sobrenatural. É difícil defini-la, segurá-la ou interagir com ela, mesmo assim ela existe. Está lá. Você não pode dissipá-la só porque quer que ela vá embora. Ao mesmo tempo, você sempre sabe que a névoa é apenas temporária. Ela só está passando. E por fim vai desaparecer completamente e o mundo como você o conhece vai voltar a ficar visível como nunca deixou de ser. Mas nesse meio-tempo, enquanto ela está pairando no ar, grossa como fumaça, você não consegue ver a vida como costumava ver. Ela não tem mais beleza, nem perspectiva. Você só consegue ver alguns palmos à frente do nariz e esses palmos não são nada bonitos; estão todos fora de foco, meio borrados.

É assim que eu me sinto com relação à minha depressão às vezes: que estou vivendo em meio a uma névoa. Esperando que, quando ela se dissipar — se isso um dia acontecer —, a vida volte a ser o que era antes.

Vivi muito tempo em meio à névoa. Ela muda e dá voltas e encontra novos caminhos para se esgueirar até você, mas sua essência, sua tristeza, seu peso continuam iguais. O que de fato assusta na depressão é quanto ela dura. Quando dura alguns dias é difícil, ela dói, mas você consegue superar se for perseverante. É quando dá as caras por mais do que apenas alguns dias — quando os dias viram semanas — que ela fica assustadora. Fica assustadora principalmente porque você começa a pensar que ela é normal, que a vida é assim mesmo e nunca vai mudar.

Por natureza, eu quero que as pessoas pensem que estou mais inteiro do que na verdade estou, por isso, quando a depressão aparece, eu tenho o hábito de fingir que está tudo bem. Você diz às pessoas que está tudo bem e aos poucos começa a acreditar no que diz e assim consegue continuar vivendo. Você fica em meio à névoa por tanto tempo que esquece como era a vida antes disso.

Tudo o que você consegue ver é o momento que está vivendo.

Um dos meus amigos que assiste a muitos documentários alternativos e fica o tempo todo na internet me contou sobre um estudo psicológico pseudocientífico da Nova Era, em que colocaram alguns peixinhos dourados num aquário e uma parede de vidro dividindo o aquário no meio. A princípio, os peixes acharam que podiam nadar através do vidro. Mas começaram a bater a cabeça no vidro e perceber que estavam errados. Por fim todos os peixes aprenderam que não podiam atravessar o vidro; todos eles se adaptaram e mudaram. Nenhum deles bateu no vidro outra vez. Depois de uma semana, os pesquisadores tiraram o vidro da água. Eu não sei se os peixes são capazes de ver ou processar uma coisa como essa, pois a minha experiência pessoal embaixo d'água se resume apenas a piscinas comunitárias onde existe uma ausência notável dessas criaturas, mas os peixes ficaram o tempo todo no aquário enquanto o vidro era retirado. Quando o vidro não estava mais lá e passou a não haver nenhuma limitação — que não fosse o próprio aquário — no ambiente em que viviam, nenhum dos peixes nadou para além de onde o vidro costumava estar. Estavam tão adaptados à situação que nem perceberam que ela mudou.

Não sei se esse estudo realmente aconteceu, mas espero que sim. Meu amigo fala de coisas bizarras como essa o tempo todo e eu costumo só balançar a cabeça e sorrir e depois me perguntar se ele está regulando bem ou não. Mas, se for um estudo de verdade, é uma das metáforas mais precisas que eu já conheci sobre viver em meio à névoa. Porque, depois que você começa a acreditar no vidro, é difícil saber se acredita porque ele é real ou se ele é real porque você acredita. É aí que as coisas começam a ficar um pouquinho mais complicadas.

Quanto mais perdido você está nas trevas da sua própria depressão, mais ridículo parece pedir ajuda. No meu caso, passei a falar inverdades a mim mesmo, e depois comecei acreditar nelas. A mentira começava com uma bobeirinha qualquer: *Você é um pé no saco. Você é feio. Ninguém achava sua bicicleta legal quando você era criança.* Esse tipo de coisa. Mas depois elas ficavam maiores. *Ninguém está nem aí pra você. Você é um zero à esquerda. Você vai se sentir assim pelo resto da vida.* E você começa a acreditar nisso porque está empacado no lugar.

Ficar empacado é uma merda. É como se fosse uma coisa persistente, permanente. Como se a sua vida se resumisse a andar no cimento fresco e você estivesse parado ali, desamparado, sentindo-o secar. Você não precisa ficar paralisado ali. Na verdade, só existem algumas poucas maneiras de erguer você alguns centímetros do chão quando está realmente deprimido e todas elas têm a ver com falar com outros seres humanos, o que, para nenhuma surpresa, é a última coisa que você quer fazer.

Não existe nenhum jeito particularmente divertido de se falar sobre estar deprimido.

A princípio você não quer porque é como pôr o dedo numa ferida em que você já ficou pondo o dedo nas últimas seis horas e agora convida outras pessoas para pôr o dedo nela também. Parece redundante e doloroso. Então você se convence de que viver no isolamento beneficia tanto você mesmo quanto as outras pessoas. É uma bela justificativa moral, embora falsa, na qual você tenta insistir por algum tempo. Depois ela pende mais para a culpa.

Eu sempre me senti um pouco culpado por estar deprimido. Principalmente porque não sinto que tenha uma boa razão para me sentir assim. Então você quer esconder a verdade para evitar a agonia de ter que encarar certas questões de frente. As mesmas que batem fundo e mexem com você de verdade. Todo mundo quer saber "por que" você está deprimido. Nós gostamos de lógica, suponho. Se você está magoado, alguém deve ter magoado você. Se você está triste, alguém deve ter deixado você triste. Mas às vezes, quando você está vivendo em meio à sua própria depressão, perguntar o que a causou é como perguntar o que faz o motor de um carro dar partida. Não se trata de uma coisa só. É um conjunto de coisas tão inextricavelmente ligadas que fica impossível distingui-las umas das outras.

Você está enredado num quebra-cabeça e não consegue ver cada peça separadamente; é tudo parte do mesmo flagelo que não para de puxar você para baixo da corrente da sua própria felicidade. Isso pode tornar ainda mais difícil sentir que a sua depressão é justificada. Quando não temos nada que apontar ou culpar, tendemos a culpar a nós mesmos. É aí que de fato começa a espiral descendente. A minha se parecia muito com isto:

Estou deprimido.
Por que estou deprimido?
Não sei.
É tudo bobagem.
Ainda estou deprimido.
Ainda é tudo bobagem.
Por que estou deprimido?

Já tomei banho?
Não, não tomei banho.
Estou fedendo feito um porco.
Por que estou deprimido?
Não tenho motivo para ficar deprimido. Deveria agradecer, há tanta gente morrendo de câncer e eu estou em crise existencial por motivo nenhum.
Eu sou uma má pessoa.
Tipo: sou a pior pessoa deste mundo.
Ainda estou deprimido.
Ainda estou deprimido.
Por que nada está mudando?!?!
Ainda estou deprimido.

Isso continua até eu ficar sem um pingo de energia ou não conseguir mais pensar em maneiras criativas de me sentir um lixo.

A depressão é muito como isso: tentar se sentir pior, enquanto as outras pessoas tentam fazê-lo se sentir melhor. Qualquer um que tenta se aproximar de uma pessoa com esse tipo de sentimento está fazendo uma inacreditável gentileza. Em termos gerais, as pessoas com depressão são amigos/companhias/seres humanos detestáveis. Elas não querem conversar. Ou sorrir. Ou rir. Ou comer. Ou fazer qualquer coisa que envolva um movimento físico ou alegria. Você precisa ser um santo para aguentar alguém nesse estado de espírito. Você está basicamente dizendo que só está grato por essa pessoa continuar viva. Nesse momento, fazer isso é uma vitória legítima, conquistada a duras penas.

Não perder a vontade de viver quando você está em depressão profunda é o que há de mais importante — e mais desafiador. Claro que parece muito simples. A ideia de não querer viver parece quase ofensiva para alguns. Eu já percebi isso. Para alguém que talvez nunca tenha vivenciado os sentimentos que a depressão pode provocar — aqueles que fazem você se sentir desanimado, angustiado, sozinho — nem nunca pensou na ideia de suicídio, a ideia de não querer viver pode não fazer muito sentido.

Mas a depressão tem essa coisa de fazer "murchar" o tempo todo. Ela tira todo o seu entusiasmo e a sua pureza, como um balão perdendo o gás. É lento e gradual. Mas um dia você acorda e vê que perdeu todas as partes de você que faziam com que se sentisse você mesmo. De repente você está aprisionado no seu corpo e nas suas próprias crenças nefastas, e lhe falta perspectiva para sair disso.

Para mim, a depressão não é uma emoção. As emoções são quase sempre passageiras e provocadas por uma causa justa. As emoções você pode simplesmente deixar de lado. Pergunte a qualquer um que já tenha se sentido triste e depois se deparado com a oportunidade de fazer sexo. A tristeza desaparece no mesmo instante. Mas com a depressão é diferente. Ela é uma lente através da qual você vê a vida. Essa lente é embaçada, tingida de negatividade. Tudo que você olha através dessa lente fica deturpado e desalinhado com a realidade.

Para mim, havia momentos de uma angústia tão inexprimível que era como se eu só fosse capaz de pensar nas piores coisas que um ser humano já pensou um dia. Eu me lembro muito bem de ver uma mãe abraçar o filho e pensar: "Essa criança vai morrer um dia". Eu não pensava nisso de um jeito maldoso. Com certeza não tinha planos de impor a morte sobre ela, pois estava deprimido demais até para me aproximar de um ser humano e provavelmente me faltaria força física para causar danos até mesmo a uma caixinha de suco, que dirá qualquer artéria vital. Mas esse foi um pensamento que eu tive, mórbido e irregular, mas que eu notei que não parecia me assustar de verdade. A frequência com que a minha mente se esgueirava para cantos escuros e profundos tinha aumentado tanto que eu era quase imune a isso.

Porque é para lá que a sua mente vai quando você está deprimido: para as fendas e reentrâncias mais sombrias do espírito humano. Você se sente totalmente paralisado ali, incapaz de se mover. As projeções da sua própria raiva e amargura começam a se tornar os pensamentos que você tem, que começam, por sua vez, a se tornar as ações que você empreende. E as ações que você empreende passam a ser a vida que você leva, e tudo se torna um grande círculo vicioso de dor e desilusão, e se transforma nessa palavra torpe e obscena: *depressão*.

QUANDO AS COISAS FICARAM de fato negras e brutais, eu me tornei uma concha de mim mesmo, encapsulado em autopiedade e pessimismo. Nada mais fazia sentido para mim. Eu conseguia ver defeitos em tudo e mergulhava de cabeça num ódio mortal do mundo inteiro. Parei de falar com as pessoas. Não trocava de roupa. Uma vez fiquei sem comer durante dois dias. Não porque não tivesse comida. Eu tinha. Mas sim porque eu havia chegado à *mui* inovadora conclusão de que não fazia sentido nenhum comer. Por fim, fui obrigado a voltar a comer. Não importava o que eu fizesse ou em que escolhesse acreditar ou fazer ou dizer, estava sempre em débito com o meu estômago e com a minha necessidade de sobrevivência. Podia fazer o melhor macarrão do mundo e passar horas preparando-o, tirando-o da água e colocando-o na minha travessa preferida, com o meu garfo preferido, e seria ótimo. Mas depois, não importava o que eu fizesse, em poucas horas eu estaria com fome outra vez. E teria que começar tudo de novo. Só que dessa vez seria pior. Porque agora eu teria menos comida e mais pratos para fazer. Comer, portanto, me deixava no mínimo relutante.

Esses eram os pensamentos que me deixaram com o estômago vazio por 48 horas.

Esse é o tipo de raciocínio que o leva, com o tempo, a começar a achar que está de fato pirando. O que se passa na sua cabeça não é lógico, nem racional e, para ser bem franco, nem remotamente inteligente. Tudo não passa de argumentos sem sentido, fragmentados, dispersos, absurdos de agonia, que você mistura com uma narrativa de insuportável negatividade. Você está criando uma história para explicar por que a sua vida é ruim e depois volta a contá-la para si mesmo todos os dias. É como auto-hipnose para pessoas que querem odiar a si próprias.

A parte mais complicada é que, desde o comecinho, você já meio que sabe que a história que está contando é só uma história da carochinha. Você sabe que não está numa situação muito boa e que é por isso que anda pensando coisas ruins. Sabe que seus pensamentos não estão como costumavam ser normalmente e pode até desconfiar que não ande com uma disposição mental lá muito saudável. Mas então o tempo passa e as coisas não mudam e você começa a resvalar um pouquinho mais para dentro da névoa. As coisas ficam um pouco menos claras. Isso acontece aos poucos, como gelo derretendo numa bebida. Não demora muito para você começar a acreditar um pouco mais na história que está contando para si mesmo. A voz na sua cabeça que diz que tudo isso vai passar começa a silenciar. E aquela outra voz na sua cabeça — a que insiste em mentir para você — começa a dizer que a vida é assim mesmo. Começa a dizer: "Esta é a sua vida e ela é mesmo essa droga que você acha que é". Agora, o que antes era só uma história começa a parecer cada vez mais com a escritura sagrada. Você mergulhou tão fundo na mentira que nem se lembra mais da verdade. Num instante você perde o senso de quem você é e o substitui por um sentimento de dor e desesperança.

Tudo só fica cada vez mais difícil a partir daí.

É mais difícil levantar da cama num horário razoável. É mais difícil conversar com seja lá quem for. É mais difícil se lembrar de tomar banho. Sim, você vai precisar se lembrar de tomar banho. Sua higiene pessoal cai muito rápido para o fim da sua lista de prioridades quando seu cérebro começa a lhe dizer que a vida é uma perda de tempo. Tudo fica mais difícil. Você come menos. Dorme mais, mas o sono é menos reparador. Desliga o celular e ignora as chamadas, e depois fica preocupado porque não retornou as ligações. Esquece o que é transpirar. Aperta o botão "Mudo" da sua vida e tudo sai de foco.

Esse é o ponto em que as coisas ficam realmente assustadoras e instáveis. A verdade é que você provavelmente não tem mais o otimismo necessário para provocar uma mudança na sua vida; você o perdeu em meio à névoa. Então você passa a ser dependente de outra pessoa, de outra coisa, para ajudá-lo a se lembrar dos fragmentos da sua vida. Mas você afugenta todo mundo aos gritos. Sua visão está tão toldada pela sua aversão por si mesmo que, mesmo que o próprio Deus viesse falar com você e desse na sua mão uma nota de encorajamento escrita em papel timbrado customizado, assinado por uma dezena de anjos, você acharia que era mera coincidência. Então agora você está sozinho numa ilha à qual só você sabe como chegar. E incendiou todos os barcos.

O que acontece em seguida nunca é muito bom. As coisas começam a escapar entre os seus dedos: os relacionamentos, o tempo, o significado. Passa a ser muito mais fácil sentir dor do que esperança. Livrar-se da dor passa a ser mais importante do que a cura, muito embora pareça que as duas coisas estão interligadas. Mas elas não estão. Porque, quando você está mergulhado até o pescoço no buraco negro da depressão e querendo se livrar daquilo que o fere, você não tenta encontrar ajuda, você tenta se livrar de si mesmo. É por isso que os pensamentos suicidas começam a surgir. Ao menos foi assim que aconteceu comigo.

Não é que você queira morrer. Ninguém realmente quer, a meu ver. Eu com certeza nunca quis. Só que eu não tinha mais vontade de viver. A vida ficou sem sentido, uma questão fútil de trocas sem sentido de energia e ideias que acabam por fim a perpetuar sua própria identidade e confinamentos solitários à sua própria consciência raivosa e detestável. E você não quer mais tomar parte nisso. Você está cansado. Esse esforço constante é exaustivo. Você só quer desprender sua alma desse sofrimento autoinfringido e ser livre. E parece que só há um jeito de se fazer isso: acabando com a sua própria pulsação.

Para mim, os pensamentos começaram aos poucos. Bem aos poucos, na verdade. O primeiro foi na realidade meio que um alívio. Eu tinha 16 anos, talvez 17. Era verão. Eu estava na frente de uma banca de maçãs num mercado a céu aberto, com pessoas zanzando por ali, enquanto tentavam negociar frutas ou lamparinas ou cobertores excêntricos feitos pelos hippies. Havia muitas pessoas bem animadas. Todo mundo parecia feliz. Eu não era esperto o suficiente para perceber que uma coisa influencia a outra. O sol estava brilhando. O céu estava azul. Estávamos à beira-mar. E a alegria parecia estar muito viva dentro de cada pessoa. Se energia algum dia foi contagiosa, naquele dia eu com certeza me sentia imune a ela. Todo mundo estava feliz e eu me odiava. Dói muito quando a alegria das outras pessoas serve de espelho para a sua própria dor. Dói pra burro! Quando eu estava parado ali, tentando me distanciar das minhas próprias emoções, um pensamentozinho se agitou na minha cabeça. Ele dizia: "Bem, se tudo é tão ruim assim, você poderia simplesmente se matar".

Eu nunca tinha pensado nisso antes. É evidente que eu sabia o que era suicídio. Eu conhecia pessoas que tinham se matado. Só nunca tinha pensado em me suicidar eu mesmo. Nunca tinha visto isso como um plano ou uma possibilidade. Mas esse pensamento me ocorreu naquele verão e uma coisa muito estranha aconteceu: eu me senti melhor. Não muito melhor. Só um pouco melhor. Um pouquinho mais leve, talvez. Foi como uma pequena overdose de calma total. Eu nunca tinha sentido uma paz como essa antes. Não sei o que havia naquele pensamento para fazer com que eu me sentisse melhor. Mas ele conseguiu. Talvez fosse a ideia de que fugir era sempre possível. Essa liberdade estava ali, dobrando a esquina. Foi assim que começou.

A partir dali, o pensamento só começou a ganhar corpo. Toda vez que eu me encontrava num momento excruciante demais para suportar, eu quase sempre recorria a este pensamento: "Bem, sempre tenho a opção de me matar". Isso invariavelmente me provocava o mesmo sentimento passageiro de calma. Em pouco tempo fiquei viciado nesse sentimento de paz e depois no pensamento responsável por ele. Ele passou a me ocorrer, no início, uma vez por mês, depois uma vez por semana, uma vez por dia e, por fim, de três a quatro vezes por dia. Era o *crack* dos pensamentos viciantes. E de repente, eu estava totalmente viciado, sobrevivendo graças ao deturpado prazer provocado pela ideia de não estar mais por aqui.

A maioria dos pensamentos surgia quando eu estava fraco e sofrendo. Eu estava sozinho no meu quarto ou na rua até tarde da noite, e então me vinha o pensamento da morte, dando voltas e mais voltas na minha cabeça, tocando suas bordas e meandros.

A ideia de não estar vivo tornou-se a minha luz no fim do túnel. Tornou mais suportável a escuridão em que eu vivia. Saber que tudo poderia chegar ao fim era um pensamento maravilhoso nessa época. Ele me dava uma certeza num momento em que tudo parecia muito incerto e instável. Existem certos lugares para onde você pode ser levado quando está deprimido e sem ânimo, chapinhando em meio a tudo que é pesado, desagradável e doloroso.

Embora eu lute/combata/enfrente a depressão, gostaria de deixar bem claro que eu mesmo acho isso meio ridículo.

Veja só: cresci num bairro decente. Éramos uma família problemática e não sei muito a respeito do meu pai, exceto que ele bebia, e às vezes eu sofria bullying, mas ainda assim... Se fosse para falar com completa objetividade, isso não era *tão* terrível assim. Quero dizer, eu saía por aí carregando uma caixa da UNICEF no Halloween. Mas eu não precisava da ajuda da UNICEF.

Além do mais, como é possível ser depressivo na adolescência? Que motivo eu tinha para ser depressivo? Minha falta de responsabilidade e o fato de minha idade me poupar de quase todas as consequências, tanto legais quanto morais? É meio absurdo de fato. Ali estava eu odiando a minha vida e me entregando à depressão, e essa não era nem de longe a pior parte. A pior parte era que eu me odiava por isso e isso fazia eu me sentir um idiota. Bem, talvez não um idiota. Mas pelo menos um merdinha sem um pingo de gratidão.

Uma das minhas professoras na escola secundária, a sra. Mathers, uma mulher bondosa que usava óculos, ou melhor, os maiores óculos que eu já vi no rosto de uma pessoa, costumava nos dizer: "Vocês não têm motivo nenhum para ficarem tristes. As crianças na África, sim, têm motivo para isso". Ela continuava falando assim, descrevendo em detalhes angustiantes como a vida podia ser nesse continente, um lugar em que naturalmente ela nunca estivera. Todos nós, crianças, ficávamos ali, concordando com a cabeça, como se entendêssemos muito bem o peso das situações turbulentas, da guerra civil e da corrupção política que assolavam países quase do outro lado do mundo. Ela falava da África como se todos nós tivéssemos viajado para lá, numa pesquisa de campo, e visto essas coisas com os próprios olhos, em vez de acharmos que essas coisas aconteciam numa parte do planeta que não conseguíamos nem localizar num mapa. Tínhamos 6 anos de idade. Eu acho que ela só falava aquilo em voz alta para praticar a exposição dos seus argumentos ou coisa assim. Quando fiquei mais velho, porém, passei a ter a impressão de que as pessoas sempre tinham um discurso parecido na ponta da língua para fazer nossos problemas parecerem insignificantes.

"Pelo menos você não passa fome."

"Pelo menos você tem casa para morar."

"Pelo menos você só foi pego se masturbando uma vez."

Tudo bem, talvez ninguém tenha falado essa última frase. Mas as pessoas diziam coisas assim o tempo todo, como se essa descompostura verbal de algum modo ajudasse todas as crianças famintas, desabrigadas e devastadas do mundo. Por mais que eu desprezasse essas crianças por causa desses sermões do tipo "Você devia agradecer...", eu vejo quanto eles estavam certos. Sou muito sortudo por ter o que eu tenho. Sou inacreditavelmente, indescritivelmente sortudo por todas essas coisas. Tenho total consciência de que meu nascimento, a minha chegada num país de Primeiro Mundo, com assistência médica, é uma generosa cortesia da loteria ovariana. Não tem nada a ver comigo — nem um pouco. Eu não "mereci" isso. Não conquistei isso. Não consegui porque sou uma boa pessoa. Eu nem mesmo escolhi isso. É um total fruto do acaso o lugar onde você vem parar neste mundo e quem vai se responsabilizar por criar você, alimentar você e se certificar de que não vá dormir com a fralda suja. E eu tive sorte. Sei disso. Realmente sei.

Mas também sei que às vezes eu acordo num mundo que parece totalmente confuso, aterrorizante e fracassado do ponto de vista moral. E me sinto assim desde que passei a ter idade para pensar, e esses sentimentos só se intensificaram com o tempo. Portanto, embora eu não possa ignorar minha gratidão, também não posso ignorar a realidade que vivencio e com que me deparo todos os dias.

E é nesse ponto que todo esse lance da depressão entra em cena.

Eu entrei em depressão. Tenho de admitir. Isso aconteceu há muito tempo e acontece quase com frequência atualmente, e não adianta muito querer explicar quando ela ataca. Ela simplesmente aparece e fica por um tempo. Às vezes dura um dia. Às vezes uma semana. Às vezes até eu me olhar no espelho e gritar. É tudo meio misterioso para mim. O que funcionou ontem pode não funcionar hoje. O que funciona hoje pode não funcionar amanhã. É um jogo de adivinhação com apostas altas, sem regras e sem instruções. Você acorda e de repente sente que foi engolido por ela outra vez e se pergunta como é que conseguiu sair da última vez.

O que você sente ao ficar deprimido é uma pequena dose de insanidade. É uma constatação iminente, perturbadora e angustiada de que a vida não tem jeito e você não sabe como corrigir isso. Essa é a parte realmente difícil: você está aos pedaços e não sabe como consertar isso. Você só está sentindo essa... coisa. É como se sentar em algum lugar dentro de si mesmo e se provocar a ponto de os momentos mais cheios de alegria se transformarem em entediantes microssegundos de vida sendo desperdiçada antes de morrermos. É absolutamente horrível ver com que rapidez a nossa mente pode transformar momentos de magia e contentamento nesse lugar de escuridão e desespero. A vida perde o sentido num só minuto e você passa o resto do seu tempo tentando encontrá-lo outra vez.

Talvez a parte mais execrável não seja saber se a situação em que você se encontra é uma mentira; talvez seja verdade, e nós apenas saibamos muito bem nos distrair dela. Eu pensei muito sobre isso quando estava deprimido, e às vezes as coisas passavam a ter mais sentido do que nos momentos em que eu estava feliz. Quando você está feliz você é meio como um bêbado. Você concorda com tudo, é bom de conversa e não precisa que expliquem nada a você. Tudo é fácil e você só segue o fluxo. Não precisa fazer perguntas. Não precisa de respostas. Você só existe. Você simplesmente vive. As coisas fazem sentido. E, se não fazem, tudo bem também.

Quando está deprimido, você quer observar a vida de todos os ângulos diferentes e depois rebobinar a fita e se perguntar por que tudo é uma porcaria tão grande. Então você faz isso algumas centenas de vezes ao longo do dia e come um *cheeseburger* e desliga o celular e depois liga de novo. Talvez você até consiga tirar o moletom, se for mais ambicioso. Se a depressão fosse uma droga, não precisaria ser ilegal, porque ninguém a compraria. Você não consegue vender para as pessoas uma crise existencial inexplicável, que questiona cada milímetro do caráter delas. A depressão simplesmente não é algo que tenha muito glamour.

Por sorte, a minha depressão sempre passava. Demorava um pouco e nunca era tão breve quanto eu gostaria. Mas passava.

A depressão é na verdade um chute emocional no saco. E qualquer um que já levou um chute no saco pode lhe dizer que não importa que a dor dure dez segundos ou dez minutos — você preferia nunca ter levado esse chute. A vida simplesmente seria melhor desse jeito.

A depressão conflita com as lentes da sociedade. Quase tudo que já viu numa propaganda ou anúncio numa estação de metrô contradiz a ideia de depressão. Acho que talvez a gente queira a vida que as empresas automobilísticas e as marcas de roupas tentam nos vender. Talvez a gente queira tudo que tem conserto rápido, um final feliz e uma criança sorridente. Eu acho que a gente quer acreditar que a vida deveria ser só um sonho. Seria tão simples! Trabalhar, comprar coisas, trabalhar mais, comprar mais coisas, conseguir uma esposa gostosa, comprar um carro reluzente, colocar a esposa gostosa no carro reluzente e mostrar para os colegas que não dirigem um carro reluzente nem têm uma esposa gostosa quanto você se deu bem na vida. Essa é a receita. Isso é o que nos venderam. Mas a depressão não se encaixa em nenhuma parte dessa narrativa. Então desenvolvemos explicações aparentemente diferentes para ela.

A igreja pode chamar a depressão de enfermidade espiritual. A comunidade indígena a algumas centenas se quilômetros de onde eu moro diria que ela é um demônio. O médico pode lhe dizer que é uma doença. E quase todo o restante só dirá para você parar de ser mole e preguiçoso — como se a nossa fragilidade não passasse de uma desculpa para mau comportamento.

No meu modo de ver, a depressão pode ser todas essas coisas.

Eu já fiquei deprimido antes porque não tinha nenhuma noção de quem eu era? Sim. Já senti como se um demônio estivesse me possuindo? Mais ou menos. Mas eu estava sob o efeito de cogumelos. Acho que tenho uma doença? Não. Mas quem tem mania de acumular cupons também acha que não. Quando estou deprimido, acho que preciso apenas parar de ser fraco e esquisito? Sempre! Isso um dia já funcionou? Nunca. Nem uma única vez.

Então o que é a depressão? O que é essa névoa? Você começa a parecer pirado só descrevendo a coisa que o deixa pirado. Tentar convencer pessoas que nunca tiveram depressão na vida ou nunca amaram ninguém que a enfrenta é mais ou menos como tentar convencer pessoas a se converterem a um culto bizarro. Você parece estranho, quase alheio à razão ou ao pensamento racional, como uma criança pequena que fica balbuciando aos gritos uma sucessão de sílabas na tentativa desesperada de ser compreendida. Com certeza, mergulhar fundo nos seus pontos de vista culturais sobre a depressão não é a melhor maneira de prender a atenção das garotas numa festa.

Nós não fazemos ideia de quantas pessoas têm depressão. Claro, você pode fazer uma pesquisa ou estudar sobre isso e cruzar com milhões de pessoas numa Starbucks e perguntar a elas se já ficaram deprimidas alguma vez, mas como vai saber o que elas querem dizer ao responder a essa pergunta? Um bocado de gente só vai dizer "não", seja isso verdade ou mentira. Ninguém quer admitir que tem depressão, porque isso parece uma coisa horrível, uma fraqueza, uma ingratidão... Você pode imaginar o resto. Mas isso é porque a depressão *é* de fato horrível. No entanto, como *alguém* pode dizer que nunca acordou pela manhã se sentindo desse jeito? Você já andou por este mundo e viu o que eu vejo e *nunca* ficou deprimido? Nem por um minuto ou uma hora ou um dia? E, se não ficou, como pôde? Talvez você tenha que simplesmente ignorar o mundo para se sentir bem. Talvez seja simples assim. Mas eu não sei fazer isso.

Quer dizer, você não pode ficar só meditando o dia todo sabendo que crianças estão sendo mortas e pessoas estão morrendo de doenças que provavelmente têm cura e maridos estão traindo as esposas e o mundo está basicamente passando por uma derrocada moral. Como você consegue ter paz de espírito com essa situação? Eu não consigo entender muito bem. Mas não consigo parar de pensar nisso às vezes. Sei que não devia ser tão obsessivo e que eu não tenho muito a oferecer para ajudar, pois sou um mero peão no grande esquema da vida, mas ainda assim isso não me sai da cabeça às vezes. Existe tanta tragédia e injustiça e desigualdade neste mundo e, no entanto, estamos todos apenas procurando um jeito de nos sentir confortáveis com isso.

As pessoas parecem muito profundas quando dizem: "Não se preocupe com coisas que estão além do seu controle". Isso parece realmente inteligente, mas talvez seja só egoísta. Faz com que a gente se sinta melhor sendo preguiçosos. Isso é conveniente, não verdadeiro. Queremos conseguir dormir à noite. Eu quero conseguir dormir à noite também. Mas não porque varro as partes ruins da minha vida para debaixo do tapete e depois me certifico de nunca mais olhar ali. Isso não é iluminação. Acho que é só procrastinação.

Tudo piora quando o inverno se aproxima. Já fazia quase um ano desde a minha tentativa experimental, ainda que malsucedida, de autodescoberta, e eu estava me sentindo pesado e sem esperança outra vez. A melancolia dos feriados de final de ano começou a tomar conta de mim e tudo ficou mais frio e mais triste do que um mês antes. Por alguns dias, foi como se a minha depressão estivesse diminuindo. Eu levantava cheio de energia e com a mente desanuviada. Era ótimo e foi uma mudança revigorante da monotonia da minha rotina normal. Mas toda vez que eu sentia como se a maré estivesse mudando, isso não acontecia. Depois de alguns dias de calma, eu voltava a me levantar enredado na mesma depressão. Alguns dias eram muito ruins, eu cobria a janela com o lençol e dormia até o meio-dia. Evitando os olhos brilhantes do mundo lá fora, eu tentava fechar os olhos e fingia que tudo ia muito bem. Isso quase nunca funcionava e só fazia com que eu me sentisse cada vez mais exausto. Fisicamente, emocionalmente, mentalmente. Eu estava esgotado. Lutando contra a névoa todos os dias e com medo de contar a alguém ou falar sobre isso. Minha vida estava rapidamente se tornando um pesadelo.

Foi por volta dessa época que os pensamentos suicidas começaram a se esgueirar, muito sorrateiros. Embora eles nunca tivessem desaparecido de fato, era como se tivessem tirado um sabático. Já fazia meses desde que eu ouvira pela última vez a batida fria e caótica desses pensamentos na minha porta. De repente, lá estavam eles de novo, implorando para que entrar. Os pensamentos eram sempre leves sussurros, ainda carregados com o mesmo sentimento de alívio de quando eu os cultivara pela primeira vez. Pensar em tudo isso chegando ao fim era a única coisa que me dava força para continuar seguindo em frente.

O Natal veio e se foi. Os presentes foram abertos e então fechados, e toda coisa transcorreu sem muito drama ou empolgação. Depois o Ano-Novo deu as caras e as pessoas ficaram mais animadas por algum tempo. Todo mundo tem planos no Ano-Novo. Ninguém realmente põe em prática esses planos, me parece, mas todo mundo começa o ano com um. O meu era que, se a vida não ficasse melhor dentro de um ano, eu ia me matar. Parecia mais lógico do que parece agora; eu acreditava piamente, de todo coração, que esse era o único jeito de escapar da dor excruciante e persistente que sentia. Eu daria doze meses à vida para que ela me desse uma razão para ficar vivo, ou eu faria o contrário.

Acontece que um ano é muito tempo para se esperar. Só foram necessários um mês e algumas mudanças para concluir que eu não conseguiria esperar tanto tempo. Os dias se confundiam todos num círculo vicioso infindável de solidão e diálogo interior. Minha mãe vivia me perguntando se eu estava bem e eu continuava mentindo e dizendo que sim. Ela era tão gentil e amorosa que eu não conseguia nem pensar em magoá-la, e estava tão perdido na minha própria dor que não conseguia enxergar que, mentindo para ela, eu estava fazendo justamente isso. Tudo parecia uma perda de tempo, como se estivéssemos só tentando nos manter ocupados para não encarar o fato de que estávamos todos caminhando para um retumbante fim. Todos iríamos morrer e eu era o único esperto o bastante para acelerar o processo. Todo o resto era uma grande piada.

Assim foi o meu último ano de ensino médio. Todos os meus amigos viviam conversando sobre as aulas que teriam na faculdade ou no programa profissionalizante em que iriam se inscrever. Tudo aquilo me deixava nauseado. Eu queria segurá-los pelos ombros e sacudi-los e gritar: "QUEM SE IMPORTA?" Eu estava com tanta raiva e tão enfurecido por ser o único intelectualmente capaz de perceber quanto esta vida, esta existência e este mundo eram idiotas.

Todo mundo no fundo só que ser amado e não ser solitário, e essas duas coisas muitas vezes são traduzidas por meio do sexo. O sexo leva aos bebês. Os bebês levam às crianças. Todo mundo na minha escola — todo mundo na minha vida — era só um resultado de duas pessoas querendo transar. Nada mais do que isso. E ali estava eu, andando por aí como se tudo fosse importante, como se fosse importante que emprego nós temos ou quanto dinheiro somos capazes de acumular e enfiar nos bolsos. Eu já estava de cabeça feita e a minha cabeça dizia que nada disso tinha importância. Era tudo apenas uma distração. Um jeito de manter as pessoas na sua roda de hamster, girando desesperadamente rumo a um futuro que acham que, num passe de mágica, será melhor do que hoje. Tudo é só um jeito de nos impedir de encarar a verdade vil de que não fazemos nenhuma ideia do que está acontecendo. Eu não queria me distrair mais. Eu só queria que tudo acabasse.

O fim de fevereiro é uma época estranha do ano. Ainda é inverno, mas é quase primavera. Não há mais folhas no chão, nem flores também. É um tempo de mudança. Isso foi verdade para mim naquele ano.

Se você já leu algum livro sobre vícios ou a recuperação de viciados, sabe que existe uma ideia que permeia todos eles, segundo a qual todo mundo precisa descobrir onde fica o seu "fundo do poço". O fundo do poço é só o momento em que a ficha cai e tudo faz sentido de repente, acho eu. É bem o que o termo sugere, mas ele é diferente para cada pessoa. Isso é outra coisa que eles dizem nos livros sobre esse lance — que o fundo do poço é diferente para cada pessoa, não existem dois iguais. Se não existem neste mundo duas pessoas iguais, então como seus momentos de despertar poderiam ser iguais? Eu sempre me perguntava, porém, como as pessoas acabavam viciadas. Eu observava meu pai enquanto crescia e sempre quis saber por que ele simplesmente não parava de beber. Quer dizer, eu sei que ele gostava de beber e isso o ajudava a gostar de si mesmo, mas, quando a coisa começou a ficar de fato ruim e ele estava prestes a perder seu casamento, seus filhos e sua vida, por que ele simplesmente não parou? Parecia tão óbvio! Tudo que ele tinha a fazer era mudar. Pena que sou melhor em dar conselhos do que em segui-los. Na época, de pijama e dormindo até depois do meio-dia, eu não percebia que, embora isso estivesse bem debaixo do meu nariz, eu não via que estava seguindo a passos rápidos para o fundo do poço.

Se você pudesse voltar no tempo, até o dia 26 de fevereiro, em Victoria, poderia ver e sentir algumas coisas diferentes. Havia uma macia cobertura de neve sobre o chão, algo bem extraordinário, mas bem-vindo. O ar estava seco e inclemente, de um frio cortante. Os galhos das árvores, que costumavam balançar suavemente com o vento, agora estavam pesados e mal conseguiam se sustentar nos troncos. Meus pés trituravam a neve quando eu andava e minhas orelhas vermelhas ardiam de frio, sensíveis ao ar gelado de inverno que em geral não tínhamos no nosso clima costeiro. Mas era uma cena comum bem bonita. Eu não sabia na época, mas aquele dia seria para mim tudo menos um dia comum.

Eu tinha a casa toda para mim. Minha mãe e minha irmã tinham ido juntas à cidade e eu era o único responsável por cuidar da casa. Fui para casa tarde aquela noite, depois de dar uma passada na casa de um amigo. A casa dele estava animada demais, eufórica demais para o meu vazio. Quando cheguei à minha casa, ela estava escura e tão fria que cheguei a pensar que todas as janelas tinham sido deixadas abertas. Na verdade não tinham, mas verifiquei para tirar a dúvida. Liguei o aquecedor e subi as escadas até o meu quarto. A casa aquela noite estava mais silenciosa do que jamais esteve. Se você fechasse os olhos poderia ouvir as batidas do seu coração. Eu tinha metade de uma garrafa de vodca no meu quarto, papel e caneta. Estava tudo tão quieto, como se as paredes tentassem ouvir. Se pudessem, teriam ouvido um adolescente batendo no fundo de pedra do seu poço.

Naquela noite, sentado no quarto em que meu pai costumava espalhar latinhas de cerveja e que eu tinha reivindicado para mim, coloquei a caneta no papel e escrevi meu bilhete de despedida. Comecei com uma desculpa simples à minha mãe e à minha irmã. Eu sabia que seria duro para elas. Elas de fato me amavam e eu as amava também, mas por alguma razão, aquilo simplesmente não era suficiente. Pensei em fazer aquilo em outro lugar — como um despenhadeiro ou um prédio ou algo assim —, mas não queria que elas pensassem que eu estava desaparecido. Achei que seria pior para elas. Então, num esforço para fazer algo horrível parecer um pouco menos angustiante, decidi que era melhor fazer aquilo no meu quarto mesmo. Era difícil pensar em como a minha decisão iria afetá-las. Por mais que eu tivesse me esforçado, minha mãe e minha irmã eram a única coisa que eu sabia que era verdadeira; elas me proporcionavam um sentimento constante de proximidade e conexão. Eu sentia como se estivesse decepcionando as duas. Provavelmente porque sabia que estava mesmo.

Então comecei a escrever um bilhete me desculpando. Longo e cheio de culpa por nunca ter deixado que elas vissem por trás dos muros e soubessem quem eu de fato era. Depois comecei a me explicar. Falei sobre quanto era inútil esse lance que chamavam de vida. Falei quanto eu mesmo odiava a minha natureza egoísta e que eu ficava enojado só de pensar na obsessão que tinha por mim mesmo. Escrevi que nunca mais havia tido um amigo de verdade depois de Jordan. Escrevi sobre o sentimento de que ninguém me conhecia de fato. Escrevi que nem eu mesmo me conhecia. Com uma fúria feroz, escrevi durante meia hora sem parar. Simplesmente despejei tudo naquela página. Era como vomitar com tinta preta todos os meus piores medos na vida. Quando meu pulso começou a doer de tanto rabiscar a página e minha cabeça começou a latejar com tantos pensamentos, por fim parei. Meu texto era longo, contraditório e quase ilegível. Achei que talvez eu devesse passar tudo a limpo para que ficasse mais fácil de entender. Era um pé no saco não conseguir escrever da maneira apropriada algo tão permanente como uma nota de suicídio.

Mas àquela altura eu não tinha mais tempo para isso. Decidi não passar nada a limpo e apoiei as costas na parede do meu quarto. A garrafa de vodca ainda me convidava a esvaziá-la, mas eu a ignorei. Estava muito absorto nos meus próprios pensamentos para pensar em outra coisa que não fosse no que eu estava pensando. Então simplesmente fiquei sentado ali. O plano era engolir um frasco inteiro de comprimidos. O mais embaraçoso é que eu nem sabia se isso iria funcionar, o que só contribuía para aumentar meu nervosismo. Durante toda a noite, senti essa sensação se esgueirando, mais forte do que a vergonha, mas mais fraca do que o ódio sem limites que sentia de mim mesmo. Eu sabia que esse lance todo estava errado. Todo impulso em direção a isso parecia errado, indecente, asqueroso. Antes, quando eu pensava na possibilidade de acabar com a minha própria vida, tinha a impressão de que era algo bonito. Artístico até. Algo como uma alma torturada reivindicando seu direito de controlar o próprio destino. Mostrando ao mundo, com um gigantesco "Foda-se", que eu podia fazer o que quisesse. Mas agora, sentado ali, começando a escrever o bilhete, exaurido pelo vazio tanto do meu quarto quanto da minha vida, não via nisso nada nem remotamente bonito. Era sombrio. Repulsivo. Às vezes eu tentava pensar em como seria me livrar do fardo da dor; que os últimos momentos poderiam ser como se a minha mente deslizasse para longe da consciência e meu corpo ficasse entorpecido... e o sentimento que eu achava tão tentador, de obter alívio da minha angústia, lavaria minha alma. Mas eu não conseguia sentir isso. Tudo que eu conseguia sentir era esse sentimento fervilhante e abrasivo de traição. Claro, eu estava traindo a minha família e os meus amigos. Mas, mais no fundo, eu achava que estava traindo a mim mesmo. Que, abaixo de tudo isso, eu estava com medo. Com tanto medo, na verdade, que seria melhor parar de respirar, parar de viver do que enfrentar esses medos. Era um pensamento assustador de que eu sabia a verdade. Isso não tinha nada a ver com ser "forte". Não era uma tentativa de ser "heroico". Não era provar nada para ninguém. O que tomava conta de mim, em meio a esse pensamento era poderoso: que talvez eu fosse muito mais do que julgava ser.

Por muito tempo eu tinha me convencido de que a minha dor, a minha depressão, os meus medos eram maiores do que eu. Que a depressão era o céu e eu, só uma nuvenzinha. E agora, eu me perguntava se talvez não fosse justamente o contrário. Que talvez a depressão vivesse dentro de mim e não eu dentro dela. Eu vivia correndo havia tanto tempo que não sabia direito o que aconteceria se eu apenas parasse. Mas, por outro lado, eu podia sentir uma verdade pulsante, vibrante: eu era mais do que a minha submissão. E que talvez esses comprimidos, esse plano, esse bilhete, esse momento, esse FUNDO DO POÇO duro e horrível fosse o convite para perceber isso.

Eu soube então que não poderia fazer isso. Eu não poderia me matar. Porra, mas eu queria! Queria só para acabar com a dor, para aliviar a pressão. Mas eu sabia que não poderia. Demorei muitas horas mais — longas e pesadas horas — para aceitar completamente que a morte não seria a minha salvação. Que eu mesmo teria que ser.

Eu me sentei no meu quarto e chorei. Não, talvez dizer que chorei não seja o mais apropriado. Você chora quando sofre um corte profundo ou se machuca ou gosta de algo ou alguém que não gosta mais de você. Aquilo foi muito pior, muito mais pesado do que isso. Foi como se eu estivesse me desfazendo em lágrimas. Exaustão, remorso, raiva, repugnância. Tudo isso só foi escoando de mim. Foi como uma maratona dos meus piores momentos, e no final dela eu estava vazio. Só que dessa vez eu não me sentia vazio como antes, mas no sentido de que eu sabia que não queria mais lutar. Não queria mais me torturar. Eu agora estava vazio no sentido de que agora tinha espaço para me preencher outra vez.

Não sei muito bem quanto tempo isso levou. Pode ter sido uma hora, podem ter sido cinco. Eu de fato não sei. Só sei que fiquei sentado ali, mergulhado no silêncio, ouvindo as batidas do meu coração dentro do peito e deixando ir embora tudo que eu tinha segurado com força dentro de mim. Então peguei o bilhete outra vez. E foi então que percebi que tinha feito tudo errado.

Colocar as palavras no papel para explicar por que eu estava pondo um fim à minha vida foi inquestionavelmente o que a salvou. Pela primeira vez, tudo aquilo não estava apenas em algum lugar dentro de mim. Estava fora. Estava numa folha de papel. Essa única folha de papel tinha dezessete anos de segredos e culpas. E foi então que me ocorreu que essa folha de papel era só uma história. Era só uma história. E como qualquer história, precisava ter um fim. Mas esse era o fim errado. Eu estava escolhendo um final ruim para me punir pelo início ruim. Mas eu não tinha escolhido o início. Eu só podia escolher como mudar daquele momento em diante. Eu não podia mudar o passado. Não podia consertá-lo. Mas eu podia consertar o presente. Poderia simplesmente parar ali, naquele momento e começar outra vez.

Comecei a chorar outra vez, mas desta vez o choro foi mais suave. Eu sentia como se tivesse entendido agora. Meu problema aquele tempo todo não era nada além de mim mesmo. Eu era orgulhoso demais para admitir que era imperfeito e estava com muito medo de contar que tinha segredos. Eu chorei intermitentemente a noite toda. À certa altura, meus olhos se fecharam e eu caí no sono. A luz do meu quarto ainda estava acesa e a carta que eu tinha escrito com tamanha fúria ainda estava aberta no chão. Só acordei quase vinte horas depois e, quando isso aconteceu, eu me perguntei se tudo não tinha passado de um sonho, uma lembrança de um momento de insanidade.

Quase se matar e depois decidir não fazer isso é uma experiência difícil de definir. Por um lado, nada de fato aconteceu aquela noite. Eu fiquei sentado sozinho no meu quarto, escrevi algumas coisas numa folha de papel e pensei em dar cabo da minha vida. Pensei nisso até um ponto de total exaustão física e mental. Mas não fiz. A coisa toda parecia surreal, como se não tivesse realmente acontecido. Para ser franco, eu acho que ainda estou em choque. Levei muito tempo para contar a alguém sobre aquela noite. Principalmente porque percebi que ela me fez perceber, na melhor das hipóteses, que eu era pirado e, na pior, um mentiroso precisando de atenção.

Por isso não contei a ninguém e toquei a vida em frente.

A questão é que quase pôr fim à própria vida muda o jeito como você vê o resto da sua vida. Não é tão simples quanto voltar a acordar, tomar banho, colocar uma camiseta limpa e continuar vivendo. Você começa a ver as coisas mais a fundo quando antes não via. Tudo parece mais frágil. Eu via o sofrimento das outras pessoas com mais clareza e isso mexia mais comigo do que antes. Por ironia, comecei a valorizar a minha própria vida, mesmo crivada de problemas e dores e imperfeições. As coisas começaram a mudar para mim.

Eu contei à minha mãe. Nunca a vi chorar tanto. Foi duro, mas eu sabia que era salutar. Era tão libertador não viver mais nas sombras! Senti como se estivesse saindo do armário ou coisa assim. A coisa toda me reanimou e foi como uma redenção. Eu tinha quase me matado. Cheguei à beira do precipício e depois retrocedi. Tinha acontecido na calada da noite, sem testemunhas, e no entanto foi o momento mais decisivo da minha vida.

Ninguém sabia que algo estava diferente e eu não sabia se alguma coisa um dia voltaria a ser igual.

UM TOQUE PARA MIM MESMO

Às vezes você precisa mergulhar fundo na escuridão para conseguir apreciar a luz. Outras vezes você está profunda e perigosamente deprimido e precisa encarar isso. Precisa saber a diferença. Se não sabe, converse com alguém. Agora. E lembre-se: ninguém jamais viveu uma vida significativa dormindo o dia todo, preocupando-se a noite toda e morrendo de medo de contar a alguém sobre os próprios problemas.

8
Poltronas de couro em Sooke

Em algum momento disso tudo, minha mãe começou a tentar me convencer de que devia fazer aconselhamento. Eu era tão resistente à ideia quanto se espera que qualquer garoto de 17 anos seja, e fazia tudo para ignorar o assunto sempre que ele vinha à tona. Ela tentava me convencer de que eu precisava de aconselhamento e eu tentava convencê-la de que não precisava; e como acontece com a maioria das discussões com a pessoa que o criou, você não vence no final.

Então a minha mãe começou a tentar encontrar um conselheiro para mim e eu só continuei fingindo que teria algum poder de escolha no que se referia àquele assunto. A verdade é que eu provavelmente teria conseguido evitar o aconselhamento se tivesse realmente resistido. Eu tinha esse tipo de habilidade por saber usar as palavras para criar pequenas rachaduras nas situações — tão pequenas que mal dava para notá-las —, mas ainda assim grandes o suficiente para se escapar por elas. Mas havia aquela grande parte de mim que sabia que eu deveria ir. Eu sabia que deveria e queria ir; só queria continuar fingindo que estava muito zangado com a coisa toda e achava aquilo um saco. A lógica é com certeza inegável, mesmo olhando em retrospectiva.

Passaram-se algumas semanas antes que a minha mãe tivesse uma lista de nomes para mim. Eu ri alto quando vi que eles todos se autointitulavam doutores e a minha mãe me lançou um olhar severo que ao mesmo tempo me repreendia e deixava claro que eles eram de fato doutores. Com um simples erguer de sobrancelhas e uma leve inclinação do pescoço ela conseguia comunicar mais do que muita gente com palavras. Eu liguei o nosso computador e fui dar uma olhada em alguns dos sites da lista, e eles todos me pareceram velhos caquéticos de óculos, que tinham lido muitos manuais. E mais uma vez minha mãe deixou bem claro, como muitas vezes fazia, que meus comentários eram "simplesmente desnecessários". Por fim, perguntei se ela realmente sabia quem eram aquelas pessoas. Ela disse que não, mas que uma delas tinha atendido o filho de uma amiga. Perguntei qual delas e ela apontou o nome de um homem na lista. Eu disse que escolheria aquele.

Para ser franco, acho que aquela coisa toda era meio embaraçosa. Que tipo de cara fodido precisa de um conselheiro quando tem 17 anos e mora num bairro de classe média? Isso era o que eu pensava de mim mesmo — o que também mostra até que ponto a gentileza e empatia por mim mesmo não eram dois dos meus mais estáveis traços de caráter. Eu realmente não conseguia parar de ser duro comigo mesmo. Eu simplesmente era ingrato e mimado demais e, por ser apenas um idiota, era incapaz de separar o quadro maior dos pequenos problemas da minha vida. Era tudo muito frustrante e — apesar do fato de nunca ninguém ter chamado a minha atenção ou me desafiado —, eu me sentia muito defensivo com relação a isso.

Algumas pessoas dizem que é a sociedade que coloca essas ideias na nossa cabeça, que diz que não precisamos de ajuda e é por isso que as pessoas se sentem assim. Eu não discordo. Todas essas ideias têm de vir de algum lugar. Ninguém sai do útero com um preconceito inerente quanto a falar com um conselheiro. Isso parece algo que pegamos de algum lugar. É interessante pensar também que, se alguma região do meu corpo tivesse começado a doer ou eu ficasse doente — como aconteceu quando eu estava no primário e comecei a vomitar e ter diarreia ao mesmo tempo, deixando uma parede do meu banheiro irremediavelmente manchada —, eu iria na mesma hora ao médico. Mas consultar um conselheiro não parecia a mesma coisa. Era como se conversar com alguém sobre os seus problemas era a prova de que você era patético demais para resolvê-los você mesmo. Pelo menos era isso o que eu pensava na época.

Eu odiava o fato de fazer aconselhamento. Pelo menos na ocasião em que eu via Allen York, isso era porque Jordan tinha morrido. Aquilo foi jogo duro, mas pelo menos era um jogo duro que fazia sentido. Eu tinha perdido meu melhor amigo. Isso é uma coisa que tira você do eixo. Mas todo esse outro lance não fazia sentido nenhum. Eu nem conseguia explicar direito. Ali estava eu, procurando aconselhamento porque estava deprimido e quase tinha me matado e não sabia nem por quê. Quer algo mais constrangedor? Quem é que se mata sem nenhum motivo? Só eu mesmo, suponho. E agora eu estava a caminho de algum consultório abafado para falar sobre isso. Talvez eu não tivesse chegado ao fundo do poço ainda, no final das contas.

Existe uma parte da cidade, bem afastada do centro de Victoria, que é conhecida como Sooke. Fica a uns quarenta minutos de carro da cidade, dependendo do trânsito ou se tem alguma árvore caída na estrada. Árvores caídas na estrada são uma coisa normal em Sooke. Em se tratando de um lugar, Sooke é absolutamente deslumbrante. Dos dois lados da estrada há montanhas grandiosas, todas cobertas de musgo, e vistas oceânicas e árvores sempre-verdes que parecem quase beijar as nuvens. E bem no coração de Sooke, em algum lugar onde as ondas encontram a costa, há uma fileira de casas aninhadas na quietude, coexistindo pacificamente em isolamento e silêncio.

Numa dessas é que eu iria conversar com meu conselheiro. Era uma casa num terreno alto, com um grande quintal e uma entrada de carros tão íngreme que ficava quase na vertical. Quando se fala de lugares onde fazer aconselhamentos, era um cenário bem pouco tradicional, é verdade. Mas era melhor! Algo no longo trajeto até Sooke era tranquilizador. Cada recanto e curva no asfalto deixa você mais perto da quietude e por fim você está tão imerso nela que esquece como é não se sentir assim. Eu sentia uma grande paz em Sooke. Se toda recuperação ou recomeço tem sua morada, aquele era essa morada para mim. Eu iria uma vez por semana e faria a terapia. Foi tudo um pouco misterioso para mim, assim como diria qualquer pessoa na mesma situação, até eu começar a fazer a terapia. Parecia ridículo. Você vai e conversa sobre a sua vida com uma pessoa que não conhece você nem sabe nada sobre a sua vida. As próprias bases disso parecem alicerçadas numa ilusão e numa tolice. Achei que o aconselhamento seria como voltar a viver dentro de todo aquele tumulto que existia dentro de mim e eu odiava. Embora fosse um pouco assim mesmo, com momentos ocasionais em que você se vê imerso no meio de toda aquela loucura de novo e é obrigado a encontrar um jeito de sair daquilo outra vez, a terapia tem muito mais a ver com descobrir como toda aquela loucura foi parar lá, para começo de conversa.

Meu conselheiro era um cara chamado dr. John Betts. Ele usava barba e óculos e estava sempre mais bem-vestido do que eu. Muitas pessoas usavam a palavra "sábio" ao se referir a ele. No entanto, o dr. Betts é o único sujeito que eu conheci que considero merecedor dessa palavra. Ele é a pessoa mais inteligente com que já conversei. É estranho pensar nisso dessa maneira, mas é verdade. Tenho certeza de que existe um bocado de gente com um Q.I. mais alto ou que sabe lançar foguetes ou coisa assim, mas John é o cara mais inteligente que eu conheço porque ele sabe coisas iradas como fazer café da Etiópia e escalar as montanhas do parque atrás da casa dele, mas ele sabe muito mais sobre como viver bem. Ele também parece ter paz de espírito. Eu reparei nessa paz de espírito porque é o que mais me chamou atenção nele. Tenho certeza de que ele é feliz. Ele definitivamente parece feliz. Mas eu não reparei nessa felicidade tanto quanto reparei na paz que ele tinha em relação a tudo. Eu não estou em paz com quase nada e por esse motivo, é claro, invejo isso nele.

Na primeira sessão de aconselhamento que tivemos, eu me sentei em seu consultório e ele me perguntou por que eu estava ali. Eu ainda tinha um problema com autoridade e por isso essa me pareceu uma pergunta bem delicada com a qual começarmos. Eu disse isso a ele. Ele disse que não tinha feito a pergunta para me deixar numa situação delicada, mas para saber qual seria a melhor maneira de me ajudar. Fora de contexto, essas palavras parecem um pouco com lábia ruim de vendedor tentando vender um produto de autoajuda. Mas o sentimento por trás delas fez com que eu de fato acreditasse que ele queria mesmo ajudar. Hesitei um pouco enquanto algumas centenas de respostas falsas tentaram descer do meu cérebro até a minha língua. Depois de respirar fundo e fazer uma pausa, eu decidi dizer a verdade.

"Bem... eu ando superdeprimido... E... quase me matei algumas semanas atrás."

Eu fiz questão de olhar nos olhos dele ao dizer isso, porque não queria parecer constrangido — embora na verdade estivesse. Sempre vou me lembrar da contração que vi em suas pupilas quando mencionei suicídio. Por uma fração de segundo era como se uma lágrima estivesse prestes a vir à superfície e transbordar dos seus olhos. Então ele engoliu em seco, assentiu com a cabeça e começou a tomar notas. E foi assim que tudo começou.

Só foi preciso duas semanas para que John me fizesse desmoronar complemente. A primeira hora que passamos juntos foi, em sua maior parte, introdutória, para trocarmos informações preliminares. Coisas como o meu nome, a minha família e por que eu pesava só 77 kg se tinha quase dois metros de altura. Quando estávamos na metade da nossa segunda hora juntos, eu estava chorando tanto que fiquei com receio de ficar desidratado. As lágrimas caíam sem controle, como se tivessem esperado esse momento e estivessem por fim prontas para serem liberadas. Sentado em Sooke, todas as respostas para todas as perguntas que eu queria fazer pareciam muito claras. Toda a névoa de confusão se dissipou durante aquelas conversas e essa perspectiva penetrante, quase dolorosa, da verdade emergiu, acomodou-se no meu colo e exigiu minha atenção. Dói pra caramba quando isso acontece. Na maior parte das vezes, porém, essa dor não é muito diferente do desconforto que sentimos quando o médico espeta uma agulha no nosso braço, dá pontos num machucado e nos deixa inteiros novamente.

A melhor forma de explicar a minha experiência com o aconselhamento é dizer que nunca me senti empolgado diante da ideia de ir a uma sessão e nunca saí de lá arrependido por ter me decidido a ir. Existem muitas coisas na vida que deixam a gente com o sentimento contrário. A terapia é algo de que nunca me arrependi. No entanto, entendo por que ela não é uma coisa muito popular ou considerada bacana. Não existe uma maneira de fazê-la parecer sexy. Com certeza não é algo que cairia bem no para-choque de um caminhão. A frase "EU FALEI SOBRE OS MEUS PROBLEMAS COM UM PROFISSIONAL!" não passa a impressão de ser uma coisa muito divertida. Exige um bocado de trabalho, tempo e energia, e provavelmente vai fazer você pensar em coisas a respeito de si mesmo que nunca pensou, fazer perguntas que tentou ignorar e sentir coisas que achou que já tinha sentido. Às vezes, sua mente vai parar em lugares que parecem detestáveis, por isso você vai querer simplesmente fugir o mais rápido possível desse sentimento e enterrá-lo outra vez sob a areia do esquecimento. Mas toda vez que você sai de lá, depois que a sua hora acabou, e dá um passo para fora e a vida o estapeia na cara outra vez, você percebe que está melhor por causa disso. Você está melhor por saber quem você é em vez de só fingir que sabe. John me ajudou a descobrir mais algumas peças do quebra-cabeça de quem realmente sou. Sou grato por isso.

Hoje em dia, quando estou mais introspectivo outra vez e pensando muito nisso, tento evocar outra vez o sentimento de paz e quietude que permeava aquele casarão em Sooke. Penso nas poltronas de couro marrom e na mesa lateral de mogno e na pequena escrivaninha no canto. Penso nas primeiras vezes em que apareci na sessão e tentei falar sobre a minha vida. Cada hora que passei com John me ajudou a expandir quem sou como pessoa. Tornou-me um ser humano mais sincero, mais consciente e mais saudável.

O aconselhamento também fez com que eu me sentisse uma pessoa de sorte. Pode parecer estranho dizer que eu me sentia uma pessoa de sorte porque pagava alguém para se sentar comigo durante uma hora. Mas não é por isso. Eu me sentia um cara de sorte porque isso me ajudou a perceber que havia um grupinho de pessoas que estava mais determinado a colocar a minha vida nos trilhos do que eu mesmo. Havia pessoas que confiavam em mim. Me davam uma chance. Diziam que eu era amado, mesmo que estivesse em pedaços. Minha mãe era a ponte entre o dr. Betts e eu. Ela acreditava em mim. E o dr. Betts, por sua vez, era a ponte entre a mudança e eu. Ele acreditava em mim. As pessoas acreditavam em mim quando eu mesmo não acreditava. Eu acho que isso é uma coisa especial.

Quando nos sentávamos naquela casa em Sooke, naquelas grandes poltronas de couro marrom e conversávamos a respeito de tudo sobre o que eu antes nunca queria conversar, John me ajudava a ver que a maior mentira que eu contava era dizer que eu não valia a pena.

O duro é que isso mais parece uma verdade do que uma mentira, quando você está vendo a vida e vivendo através dessas lentes. Quando você para de amar a si próprio, é impossível

— quase um insulto — acreditar que as outras pessoas ainda querem amar você. A mentira de que não temos muita importância está em todo lugar à nossa volta. Não é sempre colocada de maneira tão simples, mas está lá. No modo como as marcas de roupa da moda tentam fazer você sentir que a sua vida é uma droga porque você está usando as marcas de roupa erradas. No modo como fazemos fila para tirar fotos de pessoas a quem valorizamos a ponto de esperar oito horas para fotografá-las. As paredes do mundo estão pichadas com dizeres afirmando que não somos bons o suficiente. Que não temos a mínima importância.

Eu não sou bom em matemática e minha memória não é muito melhor, mas da última vez que verifiquei existiam por volta de sete bilhões de pessoas neste planeta. E você, eu, o cara ali na esquina — nós somos apenas três dessas pessoas. Se dermos ouvidos à matemática e à sociedade como um todo, provavelmente não significamos muita coisa. Mas, se você acordar, olhar em volta e perceber que a sua existência, a sua vida, a sua história estão ligadas e colidindo com as existências e vidas e histórias daqueles à sua volta, talvez a matemática e a sociedade não signifiquem tanto assim. Talvez não possamos ser definidos por números ou anúncios vinculados na traseira dos ônibus. Talvez sejamos mais do que isso. A meu ver nós somos.

Existe uma espécie de mágica secreta ligada ao fato de estarmos vivos. Existe essa coisa dentro de mim que sabe que nunca vou conseguir chegar ao cerne do que faz tudo isso ser tão bonito, no entanto me sinto compelido a continuar investigando. Eu me sinto como um peregrino às vezes, vagando pelo mundo e indagando quando é que tudo isso vai começar a fazer sentido. Mas talvez a maior verdade que eu já tenha conseguido apreender é que a vida não se trata de lógica. Não se trata de obter respostas. A vida, a própria natureza dela, desafia definições e não cabe em nenhuma das nossas caixas. A experiência visceral de estar vivo — essa coisa pulsante e penetrante que não tem explicação — é o que a torna tão empolgante. Eu costumava ficar observando o mundo girar e imaginando quando a vida iria me pegar nos braços e me fazer feliz. Eu vejo agora que estava redondamente enganado. A gente não pode ficar esperando. A gente não pode ficar só observando de fora. Quando se trata de estar vivo, você tem que simplesmente mergulhar de cabeça, com unhas e dentes e sem medo de nada.

Alguns dizem que a terapia se resume a pagar alguém para conseguir respostas que você já sabia. Eu acho isso bem engraçado. Mas, para mim, sei que não é verdade. Descobri coisas naquela salinha em Sooke que eu nunca descobri em meu quarto, chupando balas, perdido em pensamentos.

Às vezes John me deixava frustrado. Seu sorriso comedido, seu colete perfeito e seu café preparado com uma precisão científica, com cafeína suficiente para matar um elefante, tudo isso me irritava. Mas ele me deixava frustrado principalmente porque ele estava vivo, respirando e me lembrando a todo instante que eu podia ser mais. Que eu podia ser mais do que a dor, mais do que os meus problemas, mais do que o meu passado. Que a vida podia ser mais. Em alguns sentidos, como uma criança chorosa se agarrando à saia da mãe, eu não queria largar essas coisas. Elas não tinham nada de bom, mas eram tudo que eu conhecia. Eu tinha passado a maior parte da minha vida nadando nesse nada e agora estava me afogando nele. A verdade era que eu não sabia de fato quem ou o que eu deveria ser sem a minha manta de segredos e vergonha. O medo era o meu prato principal no café da manhã, no almoço e no jantar. Agora eu tinha despertado e mudado isso. Estava morrendo de medo. Meus problemas tinham se transformado na minha identidade. Minha dor, na minha personalidade. Minha escuridão definia tudo que eu era. E, no entanto, tudo no mundo parecia gritar para mim que isso não era verdade, que não era o quadro completo de quem eu era.

Embora eu quisesse acreditar em coisas melhores — que eu podia ser importante, que eu podia mudar —, não era fácil. Quando meus antigos modos de pensar começavam a exercer sua influência sobre mim outra vez e eu sentia que estava deslizando no declive escorregadio da autoaversão, eu ia ver John. Aqueles pensamentos, os mesmos que gritavam comigo, apontando minha insignificância e as minhas imperfeições, eram como âncoras no meu coração, me puxando cada vez mais para baixo, na direção do meu velho amigo desespero. Eu queria tanto me livrar delas, no entanto, elas pareciam presas a mim. Sentado na salinha em Sooke um dia, eu bombardeei o dr. Betts com meus pensamentos mais sombrios. Ele me ouviu educadamente como sempre fazia e depois disse algo que mudou tudo.

"Kevin, sabe de uma coisa? Você tem as ideias certas sobre a vida. Você provavelmente não acredita nisso, mas você tem sim. Mas quer saber? Nada disso significa nada. Você torna a vida melhor através de exemplos, não de opiniões. Você não pode pensar coisas apenas. Você tem que vivê-las."

Essas palavras saíram da boca dele e acertaram a minha confusão interior bem no alvo, como uma bala de verdade brutal.

Eu deixei Sooke aquele dia imaginando se eu de fato conseguiria ser alguém diferente do que tinha sido naqueles últimos anos. Parecia que o mundo todo estava conspirando para me dizer que sim e eu estava de pé ali, desafiador, respondendo aos gritos que não, apegado ao nada pelo qual eu estava tão apaixonado. Quando fui para casa, longe das montanhas e da silenciosa tranquilidade, percebi algo mais verdadeiro talvez do que qualquer outro pensamento que jamais tive. O problema de brigar consigo mesmo é que, quando você resolve parar, algo incrível acontece: você vence!

UM TOQUE PARA MIM MESMO

A mudança nunca é fácil, mas sempre vale a pena. A terapia é como a primeira vez que você faz sexo, tirando tudo aquilo que faz com que o sexo seja legal.

9

Cara, cadê a minha vida?

ERA MADRUGADA E EU ESTAVA me acabando de tanto chorar, tropeçando em mim mesmo e nas minhas palavras. Estava sentado na sala, numa queda livre emocional. Há uma vulnerabilidade a que você consegue chegar com a pessoa responsável pelo seu nascimento e que é muito difícil em quase todos os outros tipos de relacionamento. Eu me permito ficar totalmente exposto, numa franqueza crua, despejando todos os meus segredos em cima da minha mãe. Nesse momento, o tempo não importa para ela, nem o fato de que ela tinha de trabalhar pela manhã. Regras, responsabilidades, obrigações. Essas coisas ficavam em segundo plano quando o assunto era filhos. Isso era admirável e ela sabe que eu nunca reconheci essa qualidade. Por mais constrangedor que fosse, eu meio que esperava isso dela. Até o amor mais determinado e abrasador pode passar despercebido, eu acho.

Sentado ali, eu me afogava em lágrimas e na minha terrível angústia. Minha mãe, enquanto tomava o seu chá, ia com gentileza me guiando ao longo de todo meu surto. Ela segurou a minha mão quando eu deixei e me passou um lenço mesmo sem que eu tivesse pedido. Ficou sentada ali, demonstrando todo o seu amor, mesmo quando eu não conseguia amar a mim mesmo.

Minha mãe é forte e estável: mil tijolos empilhados uns sobre os outros. Eu invejo seu senso de identidade. Ela sabe exatamente quem é e não deseja mais do que isso. Nos meus anos de mais fúria e insensibilidade, eu via isso como falta de ambição. Mas agora percebo o que é: autorrealização. Minha mãe, em toda a sua luz e amor firme, é exatamente quem ela quer ser. Depois que percebi isso, essa constatação nunca mais me deixou. É por isso que nos momentos mais difíceis ou tensos, é para ela que me volto.

Ela é a melhor ouvinte que eu conheço. Fala só quando você abre espaço para o silêncio, e deixa que você a interrompa sem mostrar nenhum sinal de aborrecimento. Isso não é porque ela é fraca, mas porque é carinhosa e compreensiva. Seu amor é metade compaixão e metade criatividade. Às vezes, em noites como essa, conversamos no sofá — aquele mesmo, esfarrapado e puído que eu odeio — por horas. Ela consegue me fazer pôr para fora coisas que eu nem sabia que existia. Embora eu não admitisse na época, isso fez parte da minha cura tanto quanto qualquer coisa que tenha acontecido em Sooke. Esses momentos com a minha mãe eram de uma ternura reconfortante. Eu gostava muito deles, mas ainda estava muito atormentado para dizer isso a ela.

Essa noite em particular, enquanto conversávamos, por fim me dei conta de que estava com medo de não saber quem eu era. Eu me sentia dividido em tantas partes que não sabia como ser uma só pessoa outra vez. Ela olhou para mim de um jeito que eu só me lembro de ter visto pouquíssimas vezes, um olhar que era ao mesmo tempo amoroso e carregado de experiência de vida, e me disse: "O problema de tentar descobrir quem você é uma grande perda de tempo. Você nunca se encontra, isso é apenas uma parte da jornada que está criando você".

Ela estava certa. E aos poucos fui descobrindo que era disso que eu precisava para viver uma vida diferente: longas conversas, lágrimas e coragem para dar o salto sempre assustador de me expor e expor todos os meus medos e incoerências para outro ser humano.

UM BOM TEMPO SE PASSOU antes que eu começasse a sentir que muita coisa tinha mudado dentro de mim. Foi preciso muitas horas em Sooke, sentado na frente do dr. Betts, e muitas horas para que a verdade afundasse dentro de mim e penetrasse nos meus ossos. Tenho que admitir, em muitos sentidos é bem mais fácil ser depressivo do que ser qualquer outra coisa. Você não quer na verdade fazer nada quando está em depressão.

Você pode simplesmente cruzar os braços e ficar amuado o dia todo, e se você se levantar e preparar algo para comer, já terá realizado alguma coisa. Esse novo sentimento — de precisar ser uma pessoa funcional —, era bem diferente disso. Ele fazia com que eu sentisse falta dos meus velhos hábitos, de ficar assistindo o dia virar noite e a noite virar dia e meus pensamentos indo de mal a pior. Existe algo estranhamente agradável em ser autodestrutivo. É como se você estivesse devolvendo ao mundo toda a merda que ele um dia atirou em você. Na verdade, eu sentia falta disso às vezes.

Eu ainda fico triste, no entanto. Não é frequente nem traz consequências tão graves, mas ainda acontece. Existe uma grande diferença entre ficar triste e deprimido. Pra começar, ficar triste é algo de que se orgulhar. A tristeza é uma coisa boa — é um passo legítimo para além do desespero sombrio e disfuncional. Significa que você ainda está vivo e sente as coisas. Por isso eu ainda fico triste de vez em quando, mas é muito melhor do que ficar numa depressão negra e profunda, querendo que o mundo todo desmorone e acabe com todo o sofrimento coletivo.

JB É MEU AMIGO. Ele é sete anos mais velho do que eu, tem um monte de tatuagens nos braços e uma pancada de ideias interessantes e intensamente introspectivas na cabeça. O motivo de eu gostar de JB é que ele é um cara sincero. Ele é tão fodido e detonado quanto eu e não usa sua idade como um escudo para fingir que não é.

    A família dele não é tão louca quanto a minha — pelo menos, não aparentemente. O pai dele é alto e magro, e tem um sorriso tão largo que chega até as orelhas. Ele é mais velho, mas ainda forte e com um bom papo — boa-pinta e com uma risada estrondosa. A mãe dele é baixinha e sincera, e tem a capacidade de alternar entre séria e meio tola em questão de segundos. Ela é conselheira, e das mais talentosas. E o marido é advogado. Então JB, por ser o resultado de dois pais maravilhosos, é alguém que demonstra ao mesmo tempo empatia e intensidade. Ele e a família são de Yukon, um território pequeníssimo no norte do Canadá onde as pessoas vivem de acordo com todos os clichês canadenses mais comuns, inclusive com os iglus e trenós. Mas JB cresceu numa casa com aquecimento central e carros e todo tipo de coisa. Ele morava na capital de Yukon, Whitehorse, cuja população se comparava com a de uma escola pública de bom tamanho. Lá escurece cedo e às vezes, em meados do inverno, o dia nunca chega a clarear. Nessa época, JB diz que é possível ver as estrelas mais impressionantes. É a versão deles da aurora boreal. É preciso escuridão total para você vê-las e então elas saem de trás das nuvens e dançam diante dos olhos do mundo. Ele diz que é absolutamente espetacular. Eu faço questão de ver isso antes de morrer. Não sou muito fã de estrelas. Mas sou fã da ideia de que às vezes você tem que ficar em total escuridão na vida para poder apreciar a luz.

Yukon é muito frio e desolado e também um lugar terrível para uma criança crescer. JB e sua família se mudaram de Whitehorse para Victoria quando ele ainda estava no ensino médio, o que talvez não seja muito diferente de crescer numa família de ateus e depois entregar-se a Deus. Embora Victoria não seja uma cidade muito grande, comparada com Yukon, ela é impressionante, vibrante, cheia de pessoas e possibilidades.

A casa de JB ficava a três quadras da minha e, depois que nos conhecemos, no Maynard Park, logo ficamos amigos. Eu ainda era só uma criança, esquelético e inseguro, e JB já estava no primeiro ano do secundário — cheio de medo e de perguntas sobre o futuro. Nossa amizade se formou com uma certa facilidade. A primeira ponte entre nós foi o basquete, e depois as nossas feridas. Eu nunca tinha conhecido ninguém antes, ainda mais alguém mais velho do que eu, que falava sobre esse tipo de coisa. JB estava disposto a falar e a compartilhar, e algumas coisas que ele diz com sinceridade fez com que eu me sentisse melhor sobre quanto eu me sentia fodido. Se eu for fazer uma lista das minhas melhores amizades, a dele está em primeiro lugar.

Na maior parte do tempo, no entanto, à medida que eu ficava mais velho e mais aficionado por viver à margem da normalidade, costumávamos andar juntos por aí, fumar maconha e fingir que éramos filósofos.

Enquanto eu estava tentando descobrir como a vida seria, JB estava realmente ao meu lado. A maioria das pessoas mais velhas do que eu sempre falavam comigo como se soubessem mais do que eu, como se fosse isso que eu esperasse delas. Eu acho que ninguém gosta que falem assim conosco. É no mínimo tolerável e, no máximo, depreciativo. JB fala de fato com você, nunca fala como se nem estivesse prestando atenção ou sem deixar você falar. Isso é uma coisa que é preciso valorizar. Às vezes conversávamos sobre como seria ser meio doido. Não doido no sentido de achar que pode voar ou que devia ser líder de um culto ou coisa assim, mas doido no sentido de achar que é pior ser "normal" do que ser esquisito. Eu costumava ficar petrificado por não ser normal! Depois de ter muitos papos-cabeça com JB, papos complicados e intensos, comecei a sentir que tentar se encaixar era quase a mesma coisa que desistir da sua alma enquanto ainda está vivo. Era uma mudança de perspectiva que fazia com que eu me sentisse menos sozinho.

Por um tempo, tivemos grandes bate-papos noite adentro em Cadboro Bay e revimos nossas filosofias de vida. Na maioria das vezes, conversávamos sobre nossos problemas pessoais — para ele, a vida após a escola secundária; para mim, a puberdade —, mas invariavelmente nossas conversas voltavam a girar em torno de coisas que eram tanto difíceis quanto sinceras. JB argumentava que o medo é, ao mesmo tempo, o que nos detém e o que nos impulsiona para a frente. Certa vez eu li um livro em que o autor dizia: "Nós guerreamos porque temos medo e às vezes vamos a encontros espiritualistas pelo mesmo motivo". Contei isso a JB e o comentário resultou numa conversa acalorada. JB disse que a única vez em que ele quis brigar foi quando sentiu que suas palavras não infringiam mais a mesma dor que ele poderia causar simplesmente fechando os punhos. Eu achei que isso fazia um bocado de sentido. Fiquei imaginando se a dor e a esperança eram só os dois lados da mesma moeda, a mesma que dizia que nós, seres humanos, queremos e precisamos nos sentir vivos.

Muitas noites passamos caminhando nas ruas vazias do nosso bairro adormecido, convencidos de que éramos as únicas pessoas com um coração pulsante ali. Por alguma razão, ajudava muito saber que JB também tinha seus conflitos. Sendo sete anos mais velho do que eu, ele já tinha cometido sete vezes mais erros; e estava disposto a me contar sobre todos eles. Pela primeira vez em muito tempo, eu não me sentia totalmente sozinho em meu mundinho diminuto. Além do mais, ele era menos esquisito do que eu — capaz de falar com estranhos com graça e segurança — e no entanto ainda morava com os pais só algumas casas adiante.

Para mim parecia que a maioria das pessoas da idade dele tentava parar de se perguntar sobre as coisas e começava a fingir que sabia, mas JB nunca fez isso. Ele admitia que não sabia nada e isso me deixava mais à vontade para dividir com ele minhas aflições. Pelo menos eu não estava sozinho. Juntos nós nos tornamos duas pessoas imperfeitas que seguiam pela vida aos tropeços. Nós nos divertimos muito fazendo isso. Acho que, se existe uma pessoa que faz a sua dor parecer prazer, essa pessoa deve ser sua amiga. Nós tínhamos quase dez anos de diferença e uma cara cheia de espinhas — a dele, não a minha —, mas os nossos conflitos em comum nos tornavam iguais.

Vale a pena fazer um aparte para dizer que JB quase morreu também. Ele fez uma viagem para a Tailândia, onde acabou num hotel vagabundo sem água corrente e sua taxa de glicose no sangue ficou muito baixa. Acontece que ele tinha recebido o diagnóstico de diabete pouco tempo antes, por isso ainda não estava familiarizado com todos os problemas que essa doença acarreta. Sozinho e apavorado, cercado apenas de paredes frias, todo o corpo dele simplesmente começou a parar de funcionar. Ele achou que fosse morrer. Disse que ficou deitado no banheiro, sem conseguir falar, e sentiu que era como se a mente estivesse deixando o seu corpo. Ele só ficou ali assistindo tudo acontecer, incapaz de fazer qualquer coisa. Às vezes, eu me sinto assim também na minha vida; memórias e momentos oscilando na minha frente e eu sendo apenas um prisioneiro deles, não um participante disposto.

JB disse que quase morrer dá a você a dádiva de aprender o que a vida significa. Isso me fez pensar que talvez alguns presentes da vida não venham numa caixa, embrulhados para presente, como pensamos. Talvez alguns presentes sejam grandes demais para caber numa caixa, complicados demais para ser convencionais. Para JB, o jeito novo de viver que ele está aprendendo inclui espetar uma agulha na barriga mais de uma vez por dia e se certificar de que tem sempre algo com açúcar no bolso. Ele teve de fazer alguns pequenos ajustes, muito sutis, para se manter nos eixos. Isso fazia eu me perguntar quais seriam os pequenos ajustes que eu precisaria fazer. Quanto mais eu pensava sobre isso, mais parecia que era encontrar meu enredo secundário na grande história da vida, muito maior. Acho que uma das razões que me levou a ficar tão deprimido foi o meu egoísmo. Não tanto egoísmo no sentido de comer o último pedaço de pizza sem nem perguntar se alguém queria ou precisar de atenção o tempo todo, mas o egoísmo de não ser capaz de ver que havia um mundo maior do que eu. Se a única coisa que você consegue ver é o seu próprio umbigo, é muito fácil viver num buraco escuro em que tudo é horrível. E eu não estou dizendo isso no sentido do clichê: "Existem pessoas com problemas maiores do que o seu". Isso é simplesmente irritante. É verdade, o inverso é verdadeiro também; os seus problemas são maiores do que os problemas de muita gente.

Não se trata de ver que seus problemas são menores, maiores, mais importantes ou inferiores. Trata-se de despertar para o fato de que a sua vida não é a única que existe. Eu tinha sofrido muito com esta aqui, mais espinhosa do que deveria ser para alguém que vive dizendo que só tem meio cérebro.

Eu simplesmente não entendia que as pessoas nos machucam às vezes, não porque queiram, mas porque não sabem agir de outro jeito. Às vezes, os outros não nos dão o que precisamos só porque eles não têm o que dar. E às vezes, mesmo quando você só consegue enxergar como elas o deixam para baixo, você está esquecendo que deveria estar mais preocupado em saber como poderia ajudar alguém.

Se o mundo inteiro gira à nossa volta, isso vai acabar nos fazendo achar que não somos uma pessoa muito boa. Do contrário, todas as pessoas tratariam você bem ou melhor. Elas não fazem isso, muitas vezes porque não sabem. As pessoas só pode amar você na mesma medida em que se amam. Às vezes você tem que aceitar isso. Mesmo quando isso dói no seu coração e mesmo quando isso está em conflito com as suas crenças sobre como as coisas deveriam ser.

Para ser sincero, os meus dias de depressão são, em sua maior parte, uma mescla de dois sentimentos: sentir as feridas infligidas pelo mundo e sentir a falta da beleza dele. Não há nada de errado nisso também. Eu não espero que nem eu nem ninguém escape de ser afetado nesse sentido pelo mundo à nossa volta. Se você escapou, é porque não está presente emocionalmente, não porque é iluminado. Às vezes você tem que viver fora da sua bolha e se perder em algum lugar do quadro maior.

A verdade, aquela que eu ficava remoendo nas noites insones enquanto perambulava pelas ruas de Cadboro Bay, é a seguinte: você está vivo. Você está aqui. Você tem duas mãos e dois olhos e dois ouvidos e uma cabeça e um coração. Você pode fazer as pessoas chorarem. Pode fazer as pessoas sorrirem. Pode construir coisas grandiosas que fazem as pessoas parar e apreciar. Ou pode quebrar coisas que outros construíram.

As escolhas são todas suas. Mas você não é a história maior. Você é só egoísta se acha que é. A vida é a grande história. Você é só um personagem secundário. O que você faz com o seu papel depende de você.

Tudo isso mexe comigo de um jeito que é ao mesmo tempo devastador e desafiadoramente belo.

UM TOQUE PARA MIM MESMO

Repita comigo: eu não sou a coisa mais importante do mundo. Eu não sou a coisa mais importante do mundo. Mas isso não faz de mim alguém sem importância. Faz de mim alguém simplesmente humano.

10 Com pensamentos melhores

Durante toda nossa vida, as pessoas nos dizem para a gente crescer e ser feliz. Quanto mais eu penso sobre isso, menos me parece uma ideia muito boa. É claro que eu acho que você pode ser feliz. Mas ser feliz é uma coisa meio parecida com o vento; você nunca sabe direito de que direção ele vem ou por quanto tempo vai soprar. Eu acho que "seja feliz" é um conselho ruim. Ele com certeza fez a minha vida ficar um pouquinho pior.

Acho que o que eu realmente quero é muito mais complexo do que ser feliz. Acho que eu quero significado. A felicidade é como ter um barato fumando um baseado. "Significado" é como estar plugado em algo puro; é uma conexão forte, resistente e constante com algo mais. Precisamos de significado. O problema, no entanto, é que só existe um caminho para encontrá-lo. Esse caminho é cheio de pedras e buracos e becos sem saída, decepções e desespero. Não existe um mapa nem um manual de instruções. Ninguém pode lhe dizer onde virar à esquerda ou à direita. Você simplesmente vai e sente que direção deve seguir em meio à coisa toda. Você corre e esfola os joelhos. E quando cai, encontra uma razão, qualquer que seja, para voltar.

TALVEZ A VERDADE SEJA simplesmente que a minha vida não era tão ruim quanto eu pintei na minha cabeça. Eu ajudei a deixar o copo meio vazio quando poderia tê-lo visto meio cheio. Depois de um tempo, não ser feliz ou não estar completo passa a ser um vício. Viver em meio a uma confusão de algum modo passa a ser quem você é. Não é nada, mas você não saberia o que fazer sem esse nada. É isso que mantém você seguindo em frente. A sua escuridão e o seu desespero tornam-se algo em que pensar e sobre o qual ficar obsessivo. Todas as coisas que nos machucam são também coisas pelas quais eu fiquei obcecado. Todas as pequenas imperfeições, as pequenas arestas pontiagudas, os pequenos cacos de infelicidade estavam espalhados pelo chão da minha vida e eu só ficava recolhendo-os do chão e deixando que me ferissem.

Acho que é mais fácil acreditar que você está devastado e é defeituoso do que acreditar em outra coisa. Se você acredita que está fodido, toda pressão é tirada dos seus ombros. No sentido mais distorcido possível, estar fodido dá a você liberdade. A liberdade de não estar nem aí. A liberdade de ser egoísta. A liberdade de se tornar uma pessoa tóxica e não mudar.

Quando você para de acreditar nessas coisas a seu respeito, você na verdade perde a liberdade. Você tem de se tornar uma pessoa melhor. Você tem que parar de se subestimar. Tem que parar de magoar as pessoas e se esconder por trás da desculpa de que é imperfeito. Tem que parar de se esconder do fato de se sentir um fodido e se expor. Ficar nu. Quando você faz isso, quando por fim encontra motivação para fazer isso, você descobre que a sua vida tem limites. Eu costumava achar que esses limites eram o inimigo, que eram muros limitantes que eu erguia à minha volta e que me oprimiam. Agora eu vejo que eles eram justo o contrário. Eles dão poder e incentivo. Nós precisamos de fronteiras para encontrar um equilíbrio. Precisamos de limites, porque de outro modo não temos nada para manter nossa vida e todas as nossas escolhas sob controle. Acabei descobrindo que as limitações não são o inimigo. As crenças ruins é que são.

O que por fim me deu liberdade, e levei uma eternidade para descobrir isso, é que precisamos separar nossos problemas da nossa identidade. A sua dor não é a sua personalidade. As suas dificuldades não são a somatória da sua alma. Mas eu não sabia disso na época. Eu achava que nós éramos nossos erros. Pensava que as nossas feridas tinham que compor o nosso caráter. Isso não é verdade, porém. As imperfeições não são nem boas nem ruins; elas só existem. Do mesmo jeito que as árvores existem ou as pedras existem. Elas simplesmente estão aí. Qualquer significado que escolhamos atrelar a uma coisa, um pensamento, um defeito, uma dor, uma imperfeição, escolhemos fazer isso por causa das nossas crenças. Muitas vezes por causa das bobagens que temos na cabeça. Estamos sempre contando uma história. Estamos sempre criando significados, tentando descobrir um caminho que nos leve para fora do nosso tumulto interior. Às vezes simplesmente fazemos isso do jeito errado.

Às vezes estamos apenas contando a história errada.

A minha infância foi muito melhor do que eu julgava ser enquanto estava crescendo. Ela me ensinou tudo que eu precisava saber, eu acho. Como fazer bem as coisas e como ferrar com elas e como amar as pessoas e deixar que elas nos amem. Mas eu também era egoísta. Era obcecado por mim mesmo. Eu primeiro me preocupava em ter prazer e depois evitava a dor. Queria que o mundo despertasse e se oferecesse a mim em sua plenitude. Eu não sabia que o único caminho para ser feliz era eu mesmo despertar e tentar dar algo ao mundo.

Esperava que as pessoas me amassem de maneiras que atendessem a essa expectativa ridícula e irracional que eu alimentava, sem saber que ninguém poderia realizar essa fantasia. Eu não sabia que, se quisesse sentir amor, deveria tentar oferecê-lo a alguém em vez de acumulá-lo para mim. Eu cresci sem saber que eu precisava parar de esperar que a vida me encontrasse e, em vez disso, correr lá para fora e encontrar a vida.

ACHO QUE A VIDA É O QUE acontece enquanto seus planos dão errado e as circunstâncias colidem com o seu caráter. Pelo que eu posso ver, é isso mesmo. Muito pouco daquilo em que desperdiçamos nosso tempo planejando e com que nos preocupamos de fato acontece. Esperamos a semana toda pelo final de semana e esperamos o ano todo pelo verão e a vida toda pelo amor, e sempre acabamos nos sentindo para baixo quando fazemos isso. Nós esperamos estoicamente, com paciência e cheios de orgulho, e depois ficamos desapontados. Como uma lata de tinta espalhada no chão, as imperfeições da vida se espalham pela nossa própria existência e às vezes nos sujamos todos.

Há dias, muitos dias na verdade, em que eu sinto como se tivesse uma corda enrolada no meu braço esquerdo me arrastando para o passado, e uma corda enrolada no meu braço direito me puxando para o futuro, e eu estou aqui tentando não me partir em dois. Eu me ressinto do dia de ontem e temo o dia de amanhã e, desse jeito, acabo perdendo o dia de hoje.

É duro silenciar a voz rabugenta do pessimismo. Isso não é muito diferente de ter o pior amigo do mundo vivendo dentro da sua cabeça o dia todo. Toda vez que você vê o nascer do sol ou uma onda quebrando nas pedras, ele aparece para lembrá-lo daquele dia em que você foi pego se masturbando. E não importa quantas vezes você mande esse amigo ir para o inferno, ele simplesmente não vai. Continua ali, espreitando nas sombras, até se apoderar de um momento da sua vida e sugar toda a alegria dele.

A maioria dos meus problemas está atrelada a esse tipo de pensamento, que está sempre me deixando no meio de dois mundos muito além do meu controle. A maior parte da nossa dor está no passado e a maioria das nossas preocupações torturantes está no futuro. Poucas coisas nos atormentam no presente, a não ser os nossos pensamentos sobre o que deixamos para trás ou o que temos pela frente. É um estranho paradoxo. Acho que isso parece simples demais para ser a resposta. Quero que ela seja maior do que isso e mais misteriosa. A angústia e a ânsia para se ter mais têm uma coisa que os filmes querem fazer com que seja sexy. Como se fosse meio artístico ou poético viver uma vida de sofrimento. Mas, para mim, nunca foi assim. Sempre tenho a impressão de que isso é como um corte que tenho que curar, mas que nunca consigo de fato.

Passei um bom tempo imaginando se viver no momento era uma forma de ignorar a felicidade. Por um tempo achei que era. Havia uma parte de mim que se sentia culpada quando se sentia bem, pois estava ignorando o que estava ruim. Sou meio viciado na verdade, às vezes ao extremo. Se uma coisa é verdade e aconteceu, eu fico remoendo isso na minha cabeça, obcecado por cada detalhe sórdido, seja bom ou ruim. Embora pareça haver uma dignidade intelectual nisso, como se nos forçar a sofrer fosse algo "inteligente", é na verdade um jeito muito ruim de se viver.

Certa vez fui caminhar em uma praia perto de casa chamada Caverna do Contrabandista. Não sei muito bem por que ela tem esse nome, mas comecei a fantasiar na minha cabeça, imaginando gângsters de bigode durante a Lei Seca descarregando barris de uísque com metralhadoras em punho. É provável que nada disso tenha acontecido, mas, se conseguirmos acreditar que aconteceu, aquele pedaço de areia nos confins de Cadboro Bay de repente fica muito mais interessante. Então fui caminhar na Caverna do Contrabandista. Se eu andasse em linha reta ao sair pela porta da minha casa, chegaria lá em menos de dez minutos. Mas cansado da rotina e da repetição, quis tentar fazer um caminho alternativo e fui pelo outro lado. Sorte minha que havia um mapinha perto do Maynard Park mostrando algumas trilhas diferentes. Azar o meu que minha habilidade para ler mapas é parecida com a minha habilidade para aprender línguas e com isso quero dizer que ela simplesmente não existe. Portanto eu acabei totalmente perdido e do lado errado da praia, que é cheio de rochedos, difícil de andar e muito menos bonito. Fiquei irritado e meio constrangido também por ter acabado lá. Mas respirei fundo, reparei que ainda estava vivo, que nem tudo estava perdido e decidi apenas começar de novo. Por fim, consegui chegar aonde queria.

 Mais tarde, me perguntei por que tinha sido tão fácil para mim fazer isso, respirar e começar de novo, e por que eu não conseguia fazer o mesmo na minha vida. Acho que todas as vezes que fico deprimido, é porque fico parado no lado errado da praia, olhando para o mar, muito irritado por ter acabado ali. Na realidade, eu não estou no lado ruim da praia e nem estou indo para lá. Só estou pensando sobre isso. E quer saber? Isso é o tipo de coisa que acaba com a vista. Acaba com a sua vida.

 Eu costumava pensar que focar o aqui e agora era só um jeito fofo de ignorar a vida. Agora eu vejo que é justamente o contrário: o aqui e agora é a vida. Todo resto é só diálogo interior. Acho que é tão difícil ficar no aqui e agora em parte porque nos dizem para esperar muito pelas coisas. Esperamos com expectativa pelo Natal, pelo nosso aniversário, pelas férias e o que vai acontecer quando tudo se transformar num vórtice de aventuras e extravagâncias. Mas essa não é a vida de verdade. A vida é só este momento. Talvez o momento não seja essa maravilha toda, mas talvez ele nem tenha que ser. Talvez a gente só precise se sentar em silêncio às vezes e ficar quieto, para não nos sobrecarregar com o modo como tudo que vemos na nossa existência humana parece épico e destituído de explicação racional.

O problema é que, se rejeitarmos a opção de retornar ao passado ou nos projetar no futuro, só vai nos restar o que fazemos e quem somos. A felicidade e a alegria têm que ser resultado do que estamos fazendo exatamente aqui e agora. E isso é muita pressão sobre uma pessoa. No dia em que assumi a responsabilidade pelas minhas experiências, eu estava abalado e assustado. Porque a princípio ser responsável pela sua própria vida é como carregar um fardo. Mas depois você percebe que isso é, na realidade, liberdade. A liberdade de finalmente parar de atribuir culpa, parar de imaginar o que aguarda você. A liberdade de resolver a vida nos seus próprios termos, não nos termos de outras pessoas.

De repente, senti se esgueirando dentro de mim a crença de que talvez tudo fosse ficar bem. Era um pensamento calmo, reconfortante, ao qual passei a dar cada vez mais atenção. Pela primeira vez, parei de me perguntar se eu era normal. Agora, eu sabia que não existe essa coisa de ser normal. Cada pessoa tem a sua própria ideia do que é ser normal. Não existe normal de verdade. Normal é um alvo móvel, oscilante, que é melhor não acertar. Eu posso por fim aceitar isso de um jeito que é ao mesmo tempo libertador e apavorante.

Desaprovar o normal é uma coisa. Mas realmente parar de me agarrar a padrões invisíveis era outra bem diferente. O fato de eu ter reconhecido que era responsável por mim mesmo era uma dura constatação. Quando você é um adolescente totalmente determinado a ser um fracassado, você fica tão perdido na autoaversão que não percebe como é fácil continuar nesse caminho. Ser um fracassado é não se importar com nada. É brigar com persistência e propósito contra a ideia de realizar o seu potencial. Quando você quer mudar, porém, você tem que se importar.

De todas as epifanias que eu já tive, essa foi a mais difícil. Eu não podia mais ser o garoto que não estava nem aí consigo mesmo nem com ninguém. Eu não podia mais mergulhar na simplicidade de estar devastado. Eu agora era alguém que tinha algo com que me importar, pelo que lutar: ser melhor, viver melhor.

Às vezes, quando eu me sentava na Caverna do Contrabandista e observava as ondas quebrarem na areia, via os surfistas passando. Normalmente eles estavam sozinhos, usando roupa de neoprene, carregando uma prancha e grandes olhos como companhia. Eles observavam a água por alguns instantes e eu os observava. Em todos esses anos, eu tinha notado uma coisa: nenhum deles nunca pegou uma onda ficando de pé na praia. Todos eles entravam no mar e se aventuravam. Você não pode ficar só parado observando. Você precisa fechar a boca e remar. Muitos caras caíam da prancha. Os bons pareciam usar isso como uma motivação de que estavam atrás das ondas certas. E eles simplesmente continuavam tentando. Existe algo certo e verdadeiro nisso. Eu não surfo e não uso roupa de neoprene, mas quero ter esse tipo de perspectiva sobre a vida. No momento, sinto que, no melhor dos casos, estou só emprestando essa perspectiva deles.

Espero que um dia ela seja de fato minha.

UM TOQUE PARA MIM MESMO

Seja boa ou ruim, todos nós estamos vivendo uma história. O problema das histórias é que as boas nunca acabam do mesmo jeito que começaram.

Epílogo

Justo agora que estou me aproximando do final deste livro, colido com o que só posso descrever como uma grande montanha de barreiras emocionais. Eu me sinto exausto e cansado e como se estivesse perseguindo inutilmente uma história na qual não consigo encontrar sentido. Por mais que eu tenha encontrado sentido na minha vida e constatado que a minha dor em parte ajudou a moldar a minha visão das coisas, eu não entendi ainda o porquê de tudo isso. A impressão que tenho é que uma grande parte da minha vida veio abaixo, se reergueu e voltou a desabar. Desde que me entendo por gente, sou obcecado por histórias. Adoro as mais cruas, reais, imperfeitas. Quero que a minha história seja tão boa quanto as que eu costumava ler e assistir nos filmes. Para ser bem sincero, era como se a minha história fosse uma droga. Havia alguns dias brutais, de bater a cabeça na parede e chorar, e eu me perguntava, do fundo do coração, se seria capaz de concluir este projeto.

Quando eu me deixo levar por esse tipo de pensamento, eu em geral me lembro de ligar para algumas pessoas de que gosto e elas me estapeiam verbalmente ou me dão apoio; eu vou dormir, acordo e tudo fica bem outra vez. Então pego o telefone e saio para jantar e me distraio conversando, e algo estranho acontece: nada melhorou. Em vez de sentir clareza, parece que só encontro mais caos. Então eu faço (na minha imaginação) o que qualquer escritor com algum respeito por si mesmo faz: tomo três taças de vinho e vou dormir. O sono vem devagar e depois que eu passo muito tempo me convencendo de que eu o mereço, mas por fim a exaustão leva a melhor sobre a vergonha de mim mesmo e eu caio no sono. Um pouco antes de eu apagar totalmente, eu me lembro de que não acionei o despertador. Cansado demais para me mexer, eu não faço nada a respeito. Depois descubro que nem precisava mesmo do despertador.

Às 2h33 da manhã, eu tive o prazer de acordar com o beligerante toque de clarim do alarme de incêndio dentro do meu apartamento. Era tão absurdamente alto que gritei "Que PORRA é essa?!" e não consegui ouvir meu próprio palavrão; essa era uma agradável surpresa e um momento chocante e assustador ao mesmo tempo. Freneticamente, e nu, eu andei por todo o apartamento tentando desligar cada um dos meus seis alarmes de incêndio. Por que alguém precisaria de seis alarmes de incêndio num único apartamento está muito além da minha compreensão. Talvez o último cara que tenha morado ali fosse surdo ou coisa assim. Correndo a toda, meio acordado, meio entorpecido de sono, eu me convenci de que um dos incensos que eu tinha acendido — para fingir que eu era uma pessoa iluminada, evidentemente — tinha disparado o alarme e estava agora acordando o mundo inteiro com a minha falsa espiritualidade. Quando escorreguei e caí no assoalho duro de madeira na minha desesperada busca por silêncio, percebi que não era só o meu alarme que estava tocando. Eram todos os alarmes do prédio. E então aconteceu: senti o cheiro de fumaça. Ela se esgueirava por baixo da porta como um roedor asqueroso, trazendo com ela um medo primitivo.

Eu moro no quarto andar e no mesmo instante senti o coração acelerando até um ritmo que só se esperaria ver num piloto de corrida viciado em cocaína. Eu estava acordado havia 39 segundos, e já tinha percebido que:

1. Havia um incêndio.
2. Havia um incêndio.
3. Eu estava nu.
4. Havia um incêndio.
5. Eu teria de pular da varanda para o jardim florido que ficava embaixo.
6. No meu epitáfio estaria escrito "Ele morreu como viveu, nu e apavorado".

Entrei em pânico. Vesti um moletom às pressas — do contrário — e uma camiseta: a roupa perfeita para o meio do inverno. Saí aos tropeços procurando as minhas chaves, pois, apesar de o prédio estar prestes a arder em chamas, eu não queria quebrar a minha rotina. E então comecei a surtar. Comecei a gritar, descontrolado: "VAI LÁ PRA FORA, SEU IDIOTA!" Continuei repetindo isso, gritando para ninguém em particular. "PRA FORA! PRA FORA! NÃO FIQUE AQUI!"

Corri até a porta, pronto para ver as chamas e encarar o meu iminente momento da verdade. Enquanto descia as escadas, os pensamentos pipocavam na minha cabeça.

"Você está fodido!"

"Está realmente fodido!"

"Minhas calças estão ao contrário!"

"Ninguém vai nem ler o meu livro!"

E então me ocorreu. Eu percebi que estava petrificado com a ideia de morrer. Estava morto de medo de nunca mais ver a minha mãe outra vez, nunca mais escrever uma palavra, ou rir, ou chorar ou ter outra noite com os meus melhores amigos, onde ficávamos até tarde e de onde só saíamos de manhã cedo. Eu estava aterrorizado com a ideia de morrer, não sabia o que fazer.

Digo tudo isso porque quero marcar o momento de maior orgulho da minha vida. Vivi grande parte da vida esperando um jeito de escapar. Esperando por um fim precoce. E quase ofereci a mim mesmo essa saída. E naquela noite, correndo para fora do meu prédio só com uma camiseta, uma calça de moletom ao contrário e um medo indistinto, percebi quão longe eu tinha chegado. Sou alguém que ama a vida agora. Eu sei que parece meio piegas dizer isso, mas realmente amo. Realmente amo a vida. E me sinto empolgado com ela. Mal posso esperar para vivê-la. E percebi que isso é porque, sem saber, eu acordava todo dia, trabalhava duro neste livro, me dedicava a um projeto que exigia apenas palavras e, no entanto, não conseguia nenhuma para descrevê-lo.

Escrevi este livro com a intenção de convidar para uma vida melhor qualquer um que esteja na condição em que estou. Qualquer um que já tenha sentido as arestas afiadas da vida pinicando a pele e arranhando a alma e fazendo a existência parecer vazia. Escrevi este livro porque sei como é me sentir no fundo do poço e cheio de defeitos.

Descobri depois que alguém estava fritando bacon e o fogão começou a pegar fogo. Ele foi apagado depois de cinco minutos e tudo ficou bem. Todo mundo voltou para o prédio, de volta para suas caixinhas de sapato e para suas vidinhas. Percebi então que eu tinha mudado. Não era mais prisioneiro da minha dor.

Eu sei o que é querer morrer. E agora posso dizer que de fato sei o que significa querer viver.

Agradecimentos

Ao leitor, quero agradecer muito pelo tempo em que ficou entretido nestas páginas. Passei a minha vida tentando encontrar as palavras certas e, no entanto, não consigo expressar quanto sou grato por isso. Espero que nos encontremos um dia.

A minha mãe, agradeço por se importar com um garoto tão pirado quanto eu fui um dia. Não sei como você conseguiu, mas sou imensamente grato por isso. Você nunca duvidou de mim ou me julgou. Que dádiva especial! Eu te amo.

A minha irmã, obrigado por me dar meu primeiro diário de verdade, tantos anos atrás. Se ele tivesse vindo de qualquer outra pessoa, teria sido apenas um caderno com capa de couro. Mas como veio de você, ele me inspirou a fazer o que faço hoje. Obrigado.

Aos meus amigos, por me fazer acreditar na ilusão de que poderia terminar este material aqui e depois por se assegurarem de que eu faria isso.

A Heather Jackson, por dar uma chance a um adolescente do Canadá que mal conseguia levar adiante o próprio blog. Obrigado por me encorajar a preencher estas páginas e fazer um trabalho significativo. Espero não decepcioná-la.

A AP, por sempre me fazer rir e me lembrar de que eu passo tempo demais no computador.

A Josh Shipp, meu amigo e mentor. Obrigado por me ajudar a entender uma das lições mais cruciais da minha vida: o que te trouxe até aqui não é o que vai te fazer avançar. Eu te devo uma.

Para Jed Wallace, obrigado por me manter são ao longo da coisa toda. Nunca vou me esquecer dos textos de encorajamento e hilaridade. Você é gente fina num negócio que produz o contrário. Mas, mais do que qualquer outra coisa, a sua história me inspira. Você é tudo que eles dizem que um ex-viciado não pode ser. Tenho orgulho de conhecer você.

Ao sr. Szatsmary, obrigado por me dizer que eu poderia ser um escritor. Suas aulas de inglês foram o primeiro lugar em que eu aprendi a levar meu trabalho a sério. Desde então venho tentando escrever algo que acho que o deixaria orgulhoso. Não tenho certeza se isso um dia vai acontecer, mas vou continuar tentando.

A JB, correndo o risco de parecer meio bobo, tenho de dizer que você sempre falou as coisas na lata. Eu agradeço por você ser quem é. Obrigado por todas as conversas marcantes ao longo dos anos. Elas me fizeram ver a vida com mais otimismo. Sou grato por isso.

A Allan York, você salvou a minha vida. Você foi sincero mesmo quando era difícil ser e se preocupou comigo até quando eu mesmo não estava nem aí. Obrigado. Eu não estaria aqui sem você e digo isso no sentido literal. O trabalho ao qual você dedicou a sua vida é importante na mais significativa das maneiras. Em meu nome e de todas as crianças que você já ajudou: obrigado.

Ao dr. Betts, você me proporcionou uma compreensão da minha dor que eu nunca pensei ser possível. Você é uma alma boa e gentil, e sou grato pela sua decisão de dedicar a vida a fazer o que faz. Realmente, mudou a minha vida — e a de tantos outros — para melhor. Este livro nunca teria sido publicado se não fossem as suas palavras desafiadoras para que eu "parasse de acreditar em bobagens". Obrigado.

A Taylor Conroy, obrigado por estar lá por mim num dos momentos mais difíceis da minha vida. A sua participação e perspectiva me guiaram ao longo de um período em que me sentia totalmente paralisado pelas minhas próprias dúvidas. Nunca me esquecerei disso. Você é um modelo de bondade. Obrigado.

A Jamie Tworkowski, obrigado por ser alguém que vive uma linda história. Você é um exemplo de honestidade e humildade. Em poucas palavras: você me inspira. Seu trabalho salva vidas e dá esperança a tantos. Esse é o maior presente de todos. Obrigado por me fazer levantar todos os dias e fazer coisas importantes e dizer coisas em que acredito. Um dia eu vou aprender a surfar e me mudar para a Flórida. Eu juro.

A Simon Whitfield, que deu uma palestra na minha escola quando eu era criança, no ensino fundamental. Agora que eu sou uma criança um pouco maior, me sinto privilegiado por conhecê-lo. Você jamais saberá quanta esperança me deu ver alguém da nossa cidadezinha fazer algo em âmbito mundial. Um simples bilhete seu mudou a minha carreira, mas, mais do que qualquer outra coisa, seu exemplo de busca pela excelência mudou a minha vida. Obrigado.

A Clara Hughes, obrigado por me ensinar o significado de trabalho duro. Nunca esquecerei o tempo que passamos juntos na estrada. Você não é apenas uma atleta global, é um ser humano global. Obrigado por sempre ter provado que os céticos estavam errados. Todo dia eu saio da cama e tento viver a minha vida com um propósito, porque é isso que você me disse para fazer. Obrigado por me dizer coisas que todo mundo precisa ouvir. É o que você faz melhor.

A Loring Phinney, obrigado por apostar num jovem sem nenhum conhecimento de mídias para ser o porta-voz nacional de uma campanha midiática. Parece ridículo — e provavelmente é —, mas de algum jeito fazemos dar certo. Eu gosto muito de vocês. Vocês nasceram para isso, e dá para ver. Nunca me esquecerei do dia em que eu, você e Steve passamos em North Bay, Ontario. Isso mudou a minha vida. Obrigado.

Ao meu tio John, obrigado pela sua sabedoria e por ser meu mentor. Temos a menor família do mundo, mas não importa.

Agradeço muito por toda a ajuda ao longo dos anos. Você sempre foi sincero comigo e não saberia colocar em palavras quanto sou grato por isso. Obrigado por estar do meu lado.

E, por fim, agradeço a Jordan McGregor: você foi um filho, um irmão e meu melhor amigo. Você teve infinita paciência e um inexorável amor e foi a pessoa mais autêntica que já conheci. Você me ensinou como viver a vida sem medo. Isso é algo que eu carrego comigo todos os dias. Não saberia explicar quanto sinto a sua falta. A vida me deixou para sempre sem palavras, desde que eu soube que você tinha nos deixado. Você foi um amor desmedido. Você iluminaria o mundo se estivesse por aqui. Penso em você o tempo todo, cara. Podem ter tirado a sua vida, mas nunca poderão tirar a sua luz. Você foi o cara. Todos sentimos muito a sua falta. Que você possa descansar em paz, meu amigo.

Só um toque para o leitor

Foi REALMENTE DIFÍCIL para mim escrever este livro. Isso porque, acho eu, muito do que escrevi aqui era pesado e confuso. Coisas pesadas como depressão e suicídio. Embora eu seja grato pelo fato de a minha dor ter moldado a minha perspectiva, não foi fácil chegar a este ponto. E a verdade é que não fiz isso sozinho. Longe disso. Eu tive um pequeno grupo de pessoas que se importaram mais com a minha vida do que eu mesmo na época. Eles juntaram os meus pedaços, quando eu estava fraco demais para fazer isso sozinho. Todos os dias vou ser grato por isso.

Estou dizendo tudo isso para expressar o seguinte: se você está com dificuldade para seguir em frente, peça ajuda. Ignore o seu orgulho e deixe que as pessoas conheçam o seu problema.

Se eu não tivesse feito aconselhamento e conversado sobre as coisas que guardava dentro de mim, não sei se teria conseguido. É por isso que eu quero apresentar um recurso a você, leitor. Trata-se de um movimento sem fins lucrativos chamado To Write Love on Her Arms. Meu amigo Jamie iniciou-o, só para tentar ajudar uma amiga a pagar sua recuperação. Agora esse movimento está literalmente ajudando milhões de pessoas que lutam contra a depressão, o vício, a automutilação e o suicídio. Se você se identificou com algo que eu disse neste livro ou se sente que também está travando uma batalha, pense na possibilidade de visitar o website desse movimento. Eles têm oferecido a muitas pessoas esperança e guiado muitas outras a conseguir ajuda. Tenho certeza de que você vai se sentir inspirado. Esse é o trabalho da vida deles e o que fazem de melhor.

Se você conhecer o trabalho deles hoje, amanhã ou daqui a dez anos, ou simplesmente indicá-lo a um amigo, saiba que existe um grupo de pessoas que se importam realmente com você e com a sua história. Tenho orgulho de conhecê-los, chamá-los de amigos e descobrir em primeira mão como o trabalho deles transforma o mundo.

TWLOHA.com